Kingdom of Project Management 4.0
Methodology of Greentown Project Management

代建4.0王国

绿城管理代建方法论

蓝狮子·策划　　袁啸云　陈汉聪·著

中国经济出版社
CHINA ECONOMIC PUBLISHING HOUSE

·北京·

图书在版编目（CIP）数据

代建4.0王国：绿城管理代建方法论/袁啸云，陈汉聪著.
—北京：中国经济出版社，2020.6
ISBN 978-7-5136-6209-3

Ⅰ.①代… Ⅱ.①袁… ②陈… Ⅲ.①建筑项目—项目管理—研究 Ⅳ.① F407.9

中国版本图书馆 CIP 数据核字（2020）第 110369 号

项目策划	何　丹
策划编辑	崔姜薇
责任编辑	葛　晶
特约编辑	傅姗姗　王新宇
责任印制	马小宾
封面设计	任燕飞工作室

出版发行	中国经济出版社
印 刷 者	北京柏力行彩印有限公司
经 销 者	各地新华书店
开　　本	880mm×1230mm　1/32
印　　张	6.875
字　　数	123 千字
版　　次	2020 年 6 月第 1 版
印　　次	2020 年 6 月第 1 次
定　　价	58.00 元

广告经营许可证　京西工商广字第 8179 号

中国经济出版社 网址 www.economyph.com 社址 北京市东城区安定门外大街 58 号 邮编 100011
本版图书如存在印装质量问题，请与本社销售中心联系调换（联系电话：010-57512564）

版权所有　盗版必究（举报电话：010-57512600）
国家版权局反盗版举报中心（举报电话：12390）　服务热线：010-57512564

前言 | PREFACE

这是一场特别的思想实验

2020年,一场突如其来的新冠肺炎疫情,给本来就承担着下行压力的中国和全球经济带来了一片阴霾,全球范围内的经济衰退恐怕无法避免,中国经济将何去何从?房地产行业是国民经济的支柱行业,规模体量大、产业链条长、关联行业多,是中国经济的"压舱石",危机中会产生积极的新变化。

政策上,2019年中央经济工作会议再次强调,要坚持"房子是用来住的、不是用来炒的"定位,提出因城施策,"稳地价、稳房价、稳预期"的长效管理调控机制。进入2020年,疫情压力之下,稳增长、保就业成为政策主基调。过去的"稳"主要是平抑房价上涨预期,防止房价、地价快速上升,但现在和今后的"稳"主要是防止房地产市场大幅回落对经济增长和地方财政造成冲击。

市场上,各上市房企近期陆续披露2019年业绩,规模、利润双双增长,土储充裕,负债可控,构成了头部房企良好的基本面。但值得关注的是,随着行业竞争白热化和楼市调控常态化,一些指标开始走低，比如毛利率和净利润率。利润率下滑的现象覆盖整个行业，意味着房企正在整体告别市场红利。

事实上，早在几年前某知名房企喊出"活下去"开始，房企的日子就已经变得没那么好过了；2019年在政策严控下，房地产业虽有增长惯性，但也疲态尽显；如今，在新冠肺炎疫情的叠加影响下，头部房企也不再有以往常见的高昂情绪，稳定成为主流思路。

20年沧海桑田，历史巨变，房地产行业的黄金时代结束，未来的企业会在存量中竞争，大鱼吃小鱼、快鱼吃慢鱼，要通过在行业中减少竞争者，消灭掉一些末端竞争者，来提高头部企业的增长速度。一句话，行业大洗牌将会更猛烈。

这就是我们在本书调研工作临近结束时看到的变化——除了疫情突然出现之外，其他一切似乎都在预料之中。过去半年多，蓝狮子创作团队走进绿城管理集团，[①]通过访谈、调研、数据搜集和案例分析等方式，研究绿城管理集团轻资产运营的商业模式，寻找房地产代建业务成长的底层商业逻辑。

房地产代建，其实是房地产行业进行专业化分工的表现，拥有土地或资金资源的委托方，寻找到拥有品牌能力和品质营造能力的代建方，一起进行项目开发和营销，实现共同盈利。

---

① 绿城建设管理集团有限公司（其下属公司有绿城房地产建设管理集团有限公司等，简称绿城管理集团、绿城管理），是绿城中国控股有限公司（简称绿城中国，股票代码：HK3900）旗下的全资附属公司，绿城管理集团充分融合绿城26年开发体系与10年专注代建实践经验，开展房地产领域的开发代建、金融服务、知识分享三类业务。

过去，我们比较熟悉的是制造业领域的"代工"，指的是品牌方拥有品牌设计和产品开发等核心能力，还掌控了销售渠道，具体的加工制造交给别的企业来完成的方式，这也是社会化专业分工、资源合理化利用的有效途径之一。代工方作为加工制造商，在产业链上没有什么话语权，一般处于受支配地位。

代建的商业逻辑完全是另一回事。委托方虽然拥有土地或资金资源，但往往缺乏开发经验和品牌号召力，寻找代建方则不仅需要完成品质开发，还常常需要品牌赋能、营销赋能，甚至团队赋能、资源赋能。简言之，就是一家普通地产商，把自己的楼盘交给大牌房企来开发，打上这家大牌房企的品牌，这样就可以卖得更贵、更快，大家合作共赢。代建方拥有的优势，即在项目开发上占据主导地位。

房地产代建并不是中国特有的，欧美国家开发房地产采用的主流模式就是专业化代建。由于不需要投入重金和储备土地，房地产代建的专业化开发模式也被称作"轻资产"。专业分工带来效率的提升，房地产开发从自投模式转变成代建模式，也逐步实现"由重变轻"的积极变化。绿城管理集团是轻资产运营的佼佼者，在代建领域走得最快，也走得最稳。在本书中你可以看到，绿城管理提出的"代建4.0体系"，是代建业务多次迭代之后形成的一种全新的组织协作模型，无论在理念层面还是实践层面，都远远超越了同行。

那么，绿城管理代建方法论究竟有什么秘密？让我们从以下几个层面来看：

第一，在企业经营层面。绿城专注于高品质房产，以产品主义树立行业标杆。轻资产代建业务的快速成长，让绿城彻底摆脱了"高负债、重资产、慢周转"的不利局面，拥有了一个轻重并举、优势互补的稳定增长的局面，也让绿城多了一个"安全阀"。如今这个占比超过1/3、年增长20%以上的轻资产板块，让绿城可以专注于坚守品质营造和优质服务，减少政策调控和行业周期带来的不利影响，并在未来把这种能力在更广泛的领域进行拓展，让自己的业务拥有更多可能性。

第二，在代建行业层面。房地产代建兴起于最初的政府代建，通过市场化改革，演化出了商业代建、资本代建等不同模式。在房地产行业由粗放走向精细、由增量转轨存量的当下，房企的品牌能力、运营能力、资源能力等都会在竞争中起到关键作用。对于中小型房企来说，除非被收购出局，寻求代建是为数不多的明智选择之一。绿城以代建头部企业的势能，先行先试，以模式创新推动着行业前进，从需求分析到项目落地，从流程管理到品质营造，无论是理念还是实践，都是代建行业的开拓者与创新者。

第三，在房地产行业层面。中国房地产市场开始了从高速度发展向高质量发展的转型换挡期，过去的开发模式和管理模式都面临着迭代升级。从买地、建造到销售、管理都由一家开发商独立完成的重资产模式，如今面临各种挑战，专业化、精细化和金融化成为未来的发展方向。专业化分工是市场经济比较和竞争的必然结果，在现有政策驱动下，房地产市场正逐步从卖方市场过渡到买方市场，房地产行业剧烈分化，行业利润下行，倒逼地产开发走向专业化分工的道路。绿城管理的轻资产模式是房地产行业未来专业化分工的重要发展方向。

第四,在商业模式研究层面。何为轻资产运营?表面上看,不需要投入资金、土地,只要输出品牌和管理能力,就是"轻模式"。实际上,"轻"的背后是"重","重"的部分是品牌、设计、资源、营造、人才、服务……其他每一个环节都保持优势,只有依靠这些"重"的能力,才能实现"轻"的运营。从更深层的逻辑上看,企业运营由重变轻的过程,其实是企业效率由低到高的过程,运营上越"轻"的企业,拥有越高的效率。绿城管理拥有可以跟互联网公司相媲美的毛利率(ROE),在企业运营效率上是很多房地产企业的榜样。

2020年3月23日,绿城中国发布2019年业绩数据。全年实现销售额2018亿元,绿城管理代建业务全口径约为664亿元。从销售额数据占比看,轻资产代建板块已经占据1/3强。

当天,绿城中国提出"2025年实现5000亿元"的业绩目标,绿城中国董事会主席、行政总裁张亚东对代建业务抱有很高期待,他说:"通过子品牌的确立、资本的代建、管理体制的进一步完善,相信绿城中国的代建板块到2025年会远远超过1500亿元的规模,这个规模暂定这样一个下限。"

很多人对"代建业务1500亿元"的目标持怀疑态度,也不足为奇。因为绿城管理的商业模式在不断迭代和创新变化,能理解其底层逻辑的人并不多:从政府代建起步、商业代建壮大,到输出行业标准、探索资本代建,再到构建代建4.0的资源平台,直至试图构建一个自循环的新商业生态，它所遵循的商业逻辑恐怕已经跳出房地产代建行业，哪怕是身在其中的人，可能也无法窥见其全貌。

有人把绿城管理称为"代建之王"，恰如其分地体现了绿城管理的行业地位，却没有把利益相关方都说清楚，这一切的背后是"共建、共享、共荣"的平台型思维。"代建王国"比"代建之王"更加准确：

它拥有肥沃的土壤——源自绿城的品质基因和理想情怀，就像是王国里每个人身上流淌着的血液一样，并在实践中自然而然地表现出来，这是王国的凝聚力和存在的基础；

它有适合于这个时代的城市组织方式——代建4.0体系，勾勒出了包括客观专业的标准认定体系在内的"品质信用协定"，以及致力于形成上下游协同、共赢的"价值分享计划"，人们因它而来，也因此而齐心协力；

它有不可轻易逾越的城墙——绿星标准，直击行业痛点，覆盖了包含产品、运营、服务、供应商四大模块的指标体系，是一套房地产业界的"米其林指南"，而且，城墙还在不断加高加固；

它有各色人群活跃在这个王国里——委托方、供应商、员工、业主、投资方，这些五维人群带着不同的需求和使命，生活在代建王国里，各司其职、各取所需；

它有一座神庙——里面呈现的是王国的价值宣言，是全体国民的精神堡垒，增强王国的凝聚力，神圣不可侵犯；

它有一座学校——针对不同人群提供教学服务，通过绿城管理学堂沉淀经验、共享知识、提高认知体会；

它有一条既宽且深的护城河——头部带来了足够流量，拉开了与其他竞争者的安全距离，基于金融能力、知识分享和管理咨询的创新业务板块正蓄势待发，让国民始终从容不迫、游刃有余。

它很快还会有一座威严的宫殿——上市公司平台，承担着众人的信任，按照约定的标准对王国进行优化管理，并负责管理国民安全和开疆拓土；

它的周边及外围还有一个个联邦——通过资源整合产生的与代建相关的各种上下游产业，这些城邦和王国相互依存、紧密协作、共同发展，形成了一个强大而富有生命力的平台。

事实上，绿城管理已经构建出一个"代建4.0王国"，这是一个完整的生态圈，是基于房地产代建这个核心能力建造而成的拥有自循环和持续迭代能力的"新物种"，它从一家传统的房地产公司，变得越来越像一家互联网公司，它的变化仍在时时刻刻发生，谁也无法穷尽。本书将向读者展示李军带领的绿城代建团队如何创建"代建4.0王国"，如何将房地产由重变轻，以及代建模式由理念到实践的迭代过程。

这是一场非常特别的思想实验，从构思到实现，花了十年时间。不出意外的话，在本书出版之际，绿城管理将以"中国代建第一股"的身份登陆港交所。

思想无界，行者无疆。

绿城管理代建 4.0 王国

目录 | CONTENTS

第一章　世界正在变轻

第一节　一切都在变轻 / 5

第二节　效率的来源 / 9

第三节　进步的真相 / 12

第四节　房地产的转折点 / 15

第二章　房地产的商业逻辑

第一节　"香港模式"与造富运动 / 22

第二节　把土地作为信用基础 / 27

第三节　"白银时代"怎么办 / 30

第四节　专业分工：效率与价值 / 32

第三章　为什么是绿城

第一节　绿城的基因 / 41

第二节　三次"生死考验" / 44

　　第三节　探索"轻资产" / 47

　　第四节　轻重并举 / 52

第四章　政府代建开局

　　第一节　参与营造保障房 / 63

　　第二节　代建渐成气候 / 67

　　第三节　凭啥秒杀商品房 / 72

　　第四节　为什么只有绿城 / 77

第五章　商业代建启航

　　第一节　借鉴欧美模式 / 86

　　第二节　品质营造能力 / 89

　　第三节　轻资产与重管理 / 92

　　第四节　代建选择了绿城 / 96

第六章　纯正的品质基因

　　第一节　"绿城人"的身份认同 / 105

　　第二节　一切都跟设计有关 / 108

　　第三节　从用户出发的理念 / 113

　　第四节　优秀是一连串的事 / 115

第七章 用"绿星标准"说话

第一节 营造经验标准化 / 128

第二节 野蛮生长与绚丽绽放 / 131

第三节 因痛而生的标准 / 135

第四节 好房子的标准到底是啥 / 137

第五节 一个值得信赖的生态体系 / 142

第八章 信任体系与利益共享

第一节 信任体系创造价值 / 156

第二节 价值是用来分享的 / 160

第三节 价值的理念纽带 / 166

第四节 助力同行者 / 168

第九章 代建 4.0 王国的未来

第一节 保持持续创新 / 176

第二节 代建＋金融能力 / 179

第三节 代建＋管理咨询 / 184

第四节 圣诞树模型 / 189

附录 绿城管理集团价值宣言 / 195

参考文献 / 200

致 谢 / 202

第一章　世界正在变轻

自然界生存下来的，既不是四肢最强壮的，
也不是头脑最聪明的，而是有能力适应变化的物种。

——达尔文

2007年1月9日,苹果公司创始人史蒂夫·乔布斯在旧金山马士孔尼会展中心的苹果公司全球软件开发者年会上,正式发布了第一代iPhone手机。[1]

乔布斯说:"为了这一天,我期待了两年半。"

因为在之前的两年半里,苹果公司一直在秘密开发iPhone,他们希望iPhone能让每一个人感到震惊,正因如此,开发第一代iPhone的许多工程师根本不知道手机会是怎样的。

发布会上,乔布斯表现得从容且幽默,他说:"今天会发布三款产品,分别是带触摸屏的iPod、手机和互联网设备。"实际上就是把这三个功能集合在一起的产品,"它的名字叫作iPhone"。自此,iPhone手机横空出世。

在发布会的两个小时里,乔布斯的主要任务就是解释这款设备将如何完全颠覆现有的手机使用方式。他在iPhone上演示着音乐视频的播放,展示iPhone华丽的屏幕。他拨通了电话,展示iPhone革新的通讯录和语音信箱。他发送一条短信和一封电子邮件,展示

---

[1] 沃尔特·艾萨克森.史蒂夫·乔布斯传[M].管延圻,等,译.北京:中信出版社,2011.

iPhone 触摸屏幕键盘如何轻松打字。他打开一些照片，展示 iPhone 如何在捏合之间放大和缩小。他浏览《纽约时报》和亚马逊的网页，展示 iPhone 浏览器不比电脑上的差。他在谷歌地图上找到一家星巴克，然后直接拨打星巴克的电话，展示拥有 iPhone，你将不再迷路……他说："这是我们所做的最完美的 iPod，这真是一部精美绝伦的手机，这是因特网第一次真真正正坠入你的口袋之中。如果有什么能做到以上三点中的任何一点，那便已经极其成功……但我们全做到了！"

苹果发布了第一代 iPhone，不论从性能上，还是外观上，都是一个全新的尝试，从那一天起我们印象中的手机发生了翻天覆地的变化，而它的发明者乔布斯也被誉为"牛顿一样的人物"，同样用"苹果"改变着世界。

在一个还被非智能、翻盖手机统治的世界，iPhone 确实是个另类。iPhone 发布不久便被无数极客称为"手机之神"。这是人们渴望多年的一项创造：音乐播放器、照相机、电邮收发工具、网络浏览器，以及手机——所有一切功能汇聚在一个不可思议且魔力四射的小巧的移动终端中。

这款配备了 200 万像素后置摄像头的智能手机，现在看来根本一点都不智能：手机内存只有 128M，尚不支持 3G 网络，手机里也还没有各种各样的 App 应用，手机电池是无法拆解的。尽管 iPhone 手机接收到无数吐槽和非议，然而，这并不影响它将人类带入一个全新的时代——移动互联时代。iPhone诞生的意义在于，拉开了智能手机的大幕，从此，功能机开始凋零，全世界加速进入智能手机时代。

以iPhone为代表的智能手机，开创了一个全新的移动互联网时代。它是一个新世界，人们可以在手机这样一个智能终端上，方便快捷地处理生活中一系列烦琐且负担沉重的事务。

乔布斯和苹果手机解锁了一个"移动互联"的新世界，这是世界变轻的里程碑事件。今天，从购物到交通、从餐饮到旅行、从娱乐到办公……我们几乎都能够在智能手机上处理，我们甚至很难穷尽智能手机对人类生活带来的巨大改变，人们的生活工作更加便捷，成本更低，效率更高，而这正是世界由重变轻的重要意义。

第一节　一切都在变轻

人类社会的发展史，从某种意义上说，就是一部逐步变轻的历史。

在人类社会萌芽时期的漫长岁月中，人们以采集和狩猎维生。在这一时期，人们风餐露宿，居无定所。在采集过程中，不但要对抗荆棘与杂草，还会有随时遭遇蜘蛛和毒蛇的危险；在狩猎过程中，则要与老虎、狮子等猛兽搏斗，要从这些猛兽的口中抢得一份猎物。为生存而进行的斗争，艰苦程度无须赘言。在这一时期，人们要维持生活，本身就是一件无比沉重的差事，甚至往往是要付出生命的代价的。①

当人类从采集狩猎时代进入农耕时代，即进入农业社会，开始种植植物，蓄养动物，人口聚集，也才真正开始走向现代文明发展之路。人类从食物的采集者变成了食物的生产者，人口数量开始快速增加，定居成了主要的生活方式，村、镇、城市、国家开始出现。在农业之外，其他产业也逐步出现；在农耕之外，商业组织、文化宗教、社会阶层等也得以快速发展起来。不过，在农业社会数千年演进过程中，对于大多数人来说，生计依然是沉重的负担，生活依旧不易。

人类生活境遇的真正改善，或许主要是在完成工业化和城市化进程的国家中得以实现的。伴随着工业化同时推进的是城市的迅速发展与扩张，到了这时，人类社会才开始在部分国家、部分群体中率先实现经济上的富足，人类才开始从物质的匮乏中解脱出来。最为关键的是，最近两三百年，人类为了在技术上寻求突破口而推动的科技革命：

---

① 尤瓦尔·赫拉利.人类简史：从动物到上帝［M］.林俊宏，译.北京：中信出版社，2014.

第一次科技革命，18世纪60年代从英国发起的技术革命，这是人类技术发展史上的一次巨大飞跃，它开创了以机器代替手工工具的时代，工厂成为社会生产最主要的组织形式，生产销量大大提升。

第二次科技革命，19世纪最后30年和20世纪初，由德国、美国等主要国家推动的科学技术的进步和工业生产的高涨，被称为近代史上的第二次工业革命，世界由"蒸汽时代"进入"电气时代"。这一时期，电气工业迅速发展起来，电力在生产和生活中得到广泛的应用。

第三次科技革命，20世纪四五十年代以来，人类在原子能、电子计算机、微电子技术、航天技术、分子生物学和遗传工程等领域取得重大突破，其中，最具划时代意义的是电子计算机的迅速发展和广泛运用，开辟了信息时代。

这几次科技革命，不仅极大地推动了人类社会在经济、政治、文化领域的变革，也影响了人类的生活方式和思维方式，使人类不仅仅满足于温饱，更向着社会生活和现代化的更高境界发展。

从历史的视角我们看到，持续的科技进步是社会进步的原因和动力，而一切都在变轻是社会进步的结果和真相。几乎每一个人都不可否认，与过去相比，现代社会的方方面面都在变得更好，同时也变得更轻。①

比如，知识载体在变轻。人类社会的知识，通过不同载体传承了数千年，一开始的甲骨文是刻在金鼎、贝壳、石块之上，而后文字可以写在竹简、丝帛之上，编成书卷，再到各种纸张、纸书，如今，无纸化、数字化早已实现，原来一个图书馆里成千上万的藏书，现在一个 Kindle 就能装下。

又如，机器在变轻。世界上第一台蒸汽机、第一台汽车发动机、第一台计算机，无一例外都是庞然大物，但随着技术迭代，它们不但在使用能效上提升了若干个级别，也在体积上缩小、在重量上减轻。如今，人手一台的智能手机，其计算能力一点也不逊于十年前的电脑。

再如，一些行业在变轻。20世纪90年代兴起的互联网行业，几乎是完全轻资产运作的行业，它们不依赖土地、厂房，也没有高额的机器和生产线投入，而是依托全新的商业模式，高效率产生高收益，通过集聚网络流量获得远高于传统工业企业的可观收入，成为新经济时代的代言人。

同时，一些公司也在变轻。像苹果公司这样的顶级消费公司，看重和把握的是品牌、设计和研发这三个关键环节，其他的如采购、生产、仓储、销售等都是在全球范围内寻求优化配置，在中

---

① 2019年3月27日，李军于第三届地新引力峰会上的演讲《让世界变轻》。

国、越南等人力成本较低的地方寻找合作供应商。这样的轻运营模式，可以让它们在核心环节持续投入技术创新，保持产品和服务的领先优势。

从钻木取火、石具刀片到珍妮纺纱机、蒸汽动力，经由电气时代、计算机时代再到无人工厂和人工智能，人类的生产方式正在变轻；从集体狩猎到小农生产，再到工业革命，经由专业分工、流水线的社会化大生产阶段，从弗雷里克·泰勒的"科学管理革命"到"顾客为中心"的新管理主义，从科层制到项目团队、虚拟组织和众包模式，分布式创新、个性化生产……人类在生产组织方式上也正在变轻。

达尔文说："自然界生存下来的物种不是四肢最强壮的，也不是头脑最聪明的，而是那些对变化有能力做出快速反应的。"可以说，"变轻"是最好的反应机制之一，人类文明的进化史始终与商业世界"由重变轻"的演进相伴相随。

第二节　效率的来源

世界为何会变轻呢？变轻的本质是什么？答案是效率。当效率由低到高时，我们看到的载体也好、机器也好、公司也好，都由重变轻了。原来，人类数万年来追求的无非是如何更加高效地使用有限的自然资源和社会资源。

效率的提高又是怎么实现的呢？从历史上看，增进效率有两个最重要的因子，一是科技水平进步，二是管理能力进步。

在过去近300年里，一次又一次的科技革命给世界带来的都是翻天覆地的变化。直到今天，技术发展仍然一日千里，我们必须要为即将到来的新一轮的技术革命——能源革命、AI革命、人工智能革命等做准备。

在某些领域，技术进步的速度和效率超乎我们的想象。被称为计算机第一定律的摩尔定律（Moor's Law）是指IC上可容纳的晶体管数目，约每隔18个月便会增加一倍，性能也将提升一倍。摩尔定律是由英特尔（Intel）创始人之一戈登·摩尔（Gordon Moore）于1965年提出来的，这一定律揭示了信息技术进步的速度。

在摩尔定律应用的50多年里，人们不无惊奇地看到半导体芯片制造工艺水平以一种令人目眩的速度在提高，计算机从神秘不可接近的庞然大物变成多数人都不可或缺的工具，信息技术由实验室进入无数个普通家庭，互联网将全世界联系起来，多媒体视听设备丰富着每个人的生活。

相对而言，科技水平衡量的是硬科技，管理能力衡量的是软实力。在现代社会中，管理能力是一个商业组织合理调配各种资源，组织社会化大生产所需要的各种能力。

1908年9月27日,在美国密歇根州底特律市的皮科特(Piquette)工厂,一辆造型独特、时尚大方的汽车被组建完成。这就是福特汽车公司生产的世界上第一辆T型车。此时,离福特推出的第一款车A型车刚刚过去5年。当时,或许谁也没有想到,这辆初始售价只有825美元的汽车,第一年的产量就达到创纪录的10660辆。13年之后的1921年,T型车的产量已占世界汽车总产量的56.6%,而此时的售价也降到了260美元。福特T型车在投产的19年里,仅在美国销量就超过1500万辆。

T型车的诞生,在人类发展史上留下了重要印迹:这款售价只有同类车型1/3的汽车,充分体现了其创始人亨利·福特的独特情怀——"要做让每一个普通工人都买得起的汽车"。

为了让每一个工人都能够买得起汽车,亨利·福特大幅度提高工人工资,一天5美元的工资标准不仅让他的工人们率先拥有了汽车,还在美国引发了一场社会革命。也正因为如此,福特T型车使美国得以成为"车轮上的国家",福特也因此被称为"为世界装上轮子的人"。

在流水线应用之前,汽车工业完全是手工作坊模式,每装配一辆汽车要728个人工小时,当时福特汽车的年产量大约为12辆,这一速度导致汽车价格居高不下,且远不能满足巨大的消费市场的需求。直到福特公司启用流水线操作,工人们分工协作,每个工人只需重复自己的那道工序，既提高了熟练程度，也节约了时间，整体上大大提高了生产效率。流水线应用使得工人间的分工更为精细，产品的质量和产量大幅度提高，极大地促进了生产工艺和产品的标准化。福特公司第一条流水线使每辆 T 型汽车的组装时间由原来的 12 小时 28 分钟缩短至 10 秒钟，生产效率是原来的 4488 倍。

亚当·斯密在《国富论》中揭示了劳动分工对于生产效率提升的巨大作用。他举了别针生产的例子，详细解释了分工是如何使工人在更短的时间内生产较多的别针的内在机理。而在福特公司采用流水装配线这一案例中，这一原理更是得到了完全充分的体现。

流水线不是核心科技的进步，而是工业生产在组织管理能力上的优化。它一经诞生，便迅速得以广泛运用，几乎影响到所有的工业领域，快速改进工业生产的流程和组织方式，极大地提升了全社会的劳动生产率，人们生活所需要的物品被快速高效地生产出来。几百万年来，人类终于迎了一个物质丰富的时代。

第三节　进步的真相

流水生产线的应用，从本质上而言，是一种生产组织方式的革新。而这种革新背后,正是以泰勒倡导的科学管理革命思想的深度应用和广泛渗透。人类所取得的这一切成就,归根结底都来自科学技术的发展和管理技术的运用。这二者在产业界的结合,在国家权力和市场资本的共同助力下,释放出无比的威力,将人类从对物质的依赖中进一步解脱出来,推进着人类社会的持续向前。

在人们的传统观念中,自然资源是指田野、山川、土地、矿产、河流,以及植被花木之类的,如今我们知道,人力也是重要的资源,科技水平和管理能力都依赖于人的知识积累、智力开发和创新能力。人类社会进步的真相是,科技和管理推动着效率提升,对经济发展的贡献率越来越高。

美国硅谷是科技创新的圣地。硅谷(Silicon Valley)位于美国加利福尼亚北部的大都会区旧金山湾区南面。过去半个多世纪里,一大批科技公司聚集在这里,引发了一波又一波的技术革命和创新浪潮,影响力波及全世界。这里诞生了无数的改变世界的创新商业模式,有很多企业都成长为举世瞩目的大公司。

20世纪60年代中期以来,微电子技术高速发展,硅谷依托附近具有雄厚科研力量的斯坦福大学、加州大学伯克利分校等美国一流大学的智力资源,组建了一批以信息革命、互联网科技创新为特点的公司。随后,生物、空间、海洋、通信、能源材料等新兴技术的研究机构在该地区纷纷出现,硅谷客观上成为美国高新技术的摇篮。再后来,全球各种类型的风险资本慕名而来,积极寻求商业机会，硅谷融科学研发、技术转化和生产为一体，既可以实现技术研发，也能快速面向市场，实现应用成果转化。硅谷模式被世界各国纷纷效仿。

作为全球最顶尖的创新栖息地，硅谷自身的气场与众不同，这里的公司普遍采用技术驱动、知识驱动的商业模式，增长速度比传统工业快得多，且处在不断变化之中，产品更新换代周期较短，速率很快。实际上，这些都是我们推崇的"轻公司"，不需要什么重资产和重型生产资料，不靠规模制胜，靠的是人力资源、智力资源。

处于地球另一端的以色列是又一个"轻"案例。在国土面积只有2.1万平方公里，且其中2/3都是不适宜人类居住的沙漠上，约900万犹太人在严酷的环境里创造了"以色列奇迹"。即使从事农业生产，人们也可以不再靠天吃饭了。比如，以色列最广为人知的农业技术是滴灌技术，滴灌不仅改变了以色列农业，也改变了全世界农业的灌溉方式。滴灌是将具有一定压力的水，过滤后经管网和出水管道或滴头，以水滴的形式缓慢而均匀地滴入植物根部附近土壤的一种灌水方法。滴灌最惊人的效益是节省了宝贵的水资源。在传统浇灌方式下，85%的水都被白白蒸发掉，没有被作物吸收，而地下滴灌可以把水的利用率大幅提升到95%。除了滴灌技术之外，以色列的种子育苗技术、海水淡化技术、污水处理技术也处于世界前列。

2018年，以色列GDP达到2913.57亿美元，世界排名第36位，人均GDP达到37035美元，世界排名第25位，是中东地区工业化水平和经济发展水平最高的国家。以色列最为世人称道的是高科技领域的创新成就，科技对这个自然资源极度匮乏国家的贡献率高达90%以上。其优势产业有农业、军事、通信、计算机、生物技术，等等。

在知识经济时代，科技是第一生产力。我们几乎可以肯定，由重变轻是一种不可逆的发展趋势，正在以摧枯拉朽之势对所有传统的"重"行业、"重"模式进行迭代和扬弃，谁都无法避免。

这一次，轮到了房地产。在所有沉重的产业中，房地产行业可能是最重的行业之一。房地产要变轻，谈何容易？

第四节 房地产的转折点

房地产是最重的行业之一，原因就在于，房地产行业得以运行的最基本的生产资料——土地——是沉重的，不可再生的，不可替代的。

对于中国经济体系而言，房地产行业的厚重可不仅仅体现在土地之上。在所有的产业门类中，房地产行业几乎是产业链条最长、关联行业最多、影响面最广的支柱行业。房地产开发投资，可带动建筑业以及水泥、钢铁、有色金属、挖掘机等上下游制造业；房地产消费，既直接带动了与住房有关的家电、家具、家纺、装潢等制造业，也明显带动了金融、媒体服务、互联网、物业管理等第三产业。

1998—2018年，中国房屋新开工面积从2亿平方米增至20.9亿平方米，累计上涨9.3倍，年复合增速12.4%。房地产开发投资完成额从0.2万亿元增至12万亿元，累计上涨55.8倍，年复合增速22.4%。商品房销售面积从1.2亿平方米增至17.2亿平方米，销售金额从0.3万亿元增至15万亿元，分别累计上涨13.1倍、58.7倍，年复合增速分别达到14.1%、22.7%。[①]

2018年，中国房地产业增加值占GDP的比重为6.6%，房地产对上下游相关行业增加值的拉动占GDP的比重为9.2%，二者合计占比高达15.8%。[②]

房地产行业的"重"至少体现在两个方面：

一方面，房地产行业开发所依赖的土地，主要受国家宏观调控政策的影响较大，同时也受制于各个城市自身的发展规划和供地节

---

① 任泽平，夏磊，等.客观评价我国房地产的二十年历史成就[R].恒大研究院，2019-10.
② 同上。

奏。对于房地产企业来说，这仍然是不可控的外部因素。

另一方面，房地产行业是典型的重资本投入行业，从拿地开始到建筑安装，再到后期的营销、物业管理，每个环节都需要巨额的资金投入。因此，在每一轮宏观调整周期中，均有大量的中小型房地产企业熬不住现金流的压力，要么被资金雄厚的大型房企收购，要么陷入破产的境地。

2019年7月22日，《财富》杂志公布了世界500强企业榜单。中国共有129家企业上榜，首次超过美国，成为入选企业最多的国家。其中，房地产行业共有5家企业入选，排名最高的是中国恒大，以704.8亿美元的营业收入排在榜单的第138位。接下来是以高周转率闻名于行业的碧桂园，以573亿美元的营业收入排在榜单的第177位。另外三家分别是绿地控股集团、保利集团和万科集团。[1]

如今，产业政策已经明朗，房地产行业在极大提升人们居住条件、改善人们生活质量的同时，自身已经走到一个新的十字路口，整个行业发展的拐点已经到来。斗转星移间，这些曾经叱咤风云的房地产品牌，面向未来，又该何去何从？

中国的房地产业正在经历一场史无前例的变局。万科说十年之后不再是地产公司，碧桂园在三、四线城市继续下沉，做最后一搏，万达不断瘦身后销售排名落后一大截，行业地位今非昔比，恒大地产更名恒大中国继续拓展产业版图，华夏幸福的王老板把股权

---

[1] 世界500强排行榜[J].财富.2019（7）.

卖给了平安,保利、龙湖、远洋的新名字用"发展"和"集团"取代了"地产",中天城投摇身一变搞成了中天金融……每一个房地产巨头都在跑步转型,因为大家虽然对发展模式、房价走向还有分歧,但已基本有了共识——房地产开发的黄金时代已经结束,不管未来如何,房地产企业都必须转型。

所有企业都面临这个关乎生存与发展的拷问:如何在游戏结束前成功脱身,或者,如何在冬天到来之前,让自己更加强大,让自己轻装上阵,驶向另一种发展模式的星辰大海?

问题已经提出,答案也呼之欲出。

第二章　房地产的商业逻辑

> 如果说金钱是商品的价值尺度，
> 那么时间就是效率的价值尺度。
>
> ——弗朗西斯·培根

"当时，不用什么本钱，就赚那么多钱，收钱收到自己都害怕。这样卖下去，不知要赚多少钱！"1954年，香港"土地爷"霍英东用100万港元不到的本金，开发了100余栋四方街唐楼和香槟大厦、蟾宫大厦，净赚1000万港元，连他自己都没料到。①

20世纪40年代中后期，大量内地居民像潮水一样涌来香港，造成香港房屋严重短缺，香港人口在短短几年间急速从50万港元膨胀到220万港元。一时间，在港九各地，出现大量简陋的木屋，火烧木屋的情形频发。香港在港九各地建筑多层徙置大厦，安置灾民。居住环境恶劣，市民住房严重短缺，成为当时香港社会最严峻的一个问题。住房严重短缺，市场需求旺盛，但人均收入水平不高，很多人都买不起房，即便此前有地产商吴多泰首创"分层出售"模式，对普通人来说，买房仍遥不可及。

1954年，霍英东从刚出任立法局非官守议员利铭泽手里，以一成订金买下了铜锣湾利园酒店对面的一处空旷地（地价130万港元），请人设计规划成一座高17层的商住楼——蟾宫大厦。

---

① 冷夏.霍英东全传[M].北京：中国戏剧出版社，2005.

设计图纸一出来，霍英东就在各大报纸刊登售楼广告，声称只需预交五成订金，交楼前再分期付清余款即可。只看到广告，买家就蜂拥而至，楼盘一售而空。仅仅半年，17层高的蟾宫大厦就耸立在利园山上。

爱图好彩头的香港人把购买正在建设中的房屋（期房）称为"买楼花"。自霍英东开创出"卖楼花"方法后，整个香港便疯狂了，人们一拥而上，何鸿燊、杨志云、方润华、郭得胜这些人也从此做起地产生意……这加速了地产市场的繁荣，也促进了香港经济的迅速发展。

从此，买房卖房成了香港的新一轮造富运动，持续半个多世纪，长盛不衰。

第一节 "香港模式"与造富运动

从20世纪50年代开始，经过数次房地产周期，香港房地产业通过不断并购整合最终形成了10家规模庞大、资金实力雄厚的房地产企业。其中，郭得胜创办的新鸿基、李嘉诚创办的长江实业集团、郑裕彤创办的新世界发展及李兆基创办的恒基地产稳居排行榜前四,成为香港地产界的四大家族。

他们逐渐形成了具有本地特色的房地产开发模式,简单地说,房地产开发的全部流程——从买地、建造、卖房、管理都由一家开发商独立完成,被称为"香港模式"。当然,香港城市容量毕竟有限,经过数十年狂飙突进之后,香港房地产开发模式也演化出长周期、低负债、租售并举等新的特点,这是后话。

中国内地将房地产行业作为国民经济支柱产业,使其始终在社会经济发展与居民生活中扮演重要角色。改革开放之前,中国内地是没有商品房交易的,城市居民大都依靠福利分房。在20世纪90年代之后,中国内地开始有了房地产行业,出现了一些房地产企业,逐步启动了开发商土地批租,老百姓买房可以按揭贷款等市场化改革,交易量开始逐年放大。

1994年,中国内地引入了商品房预售制度,颁布《城市房地产管理法》,几乎是将香港的模式照搬到内地。到1998年,国务院公布《关于进一步深化城镇住房制度改革加快住房建设的通知》(国发〔1998〕23号),正式宣告福利分房制度终结。为配合房改政策,中国人民银行在1998年和1999年先后下发《个人住房贷款管理办法》(银发〔1998〕190号)与《关于鼓励消费贷款的若干意见》两个重要文件,个人住房贷款走进人们的生活,所有银行均可开展个人住房贷款业务。以1998年房改为起点,中国正式进入商品房时代。

此时，与香港几乎一样的财富故事，很快在广袤的中国内地房地产市场上，以更大规模、在更宽领域一次次地重复上演，呈现出了一幅波澜壮阔、影响深远的史诗级历史画卷。

不管是沿海发达地区，还是中西部地区；不管是大城市、中城市，还是小城市、区县城市，几乎是全面开发，那是一个全民造房的时代。中国房地产行业尽管历经全球金融危机和数次政府宏观调控，但数万家房企依然百舸争流，市场规模持续扩大，价格水平节节攀升，渐趋发展成熟。

那么，房地产"黄金时代"究竟有什么特征？

中国房地产开发模式借鉴了早期的"香港模式"。所谓"香港模式"，是"大而全"的模式，包含房地产开发的全部流程，从买地、建造、卖房、管理都由一家开发商独立完成，房子建好后，地产公司不持有物业，直接出售。该模式的一个突出特点是，房地产开发商更多地依赖银行提供资金，在土地批租、开发建设、销售预售三个核心环节都是高负债运行，负债率整体超过80%，位居世界第一。

"香港模式"的商业逻辑比较简单，就是资本说话，谁钱多谁说了算。中国房地产开发模式就是大规模基建、大规模贷款，净资本极低，像贸易公司、流通公司一样在周转。只要你胆大，敢去举牌就行，因为在土地增长的过程中，你今天拍下的地王，过两年、三年又变成一个新低，有更高的地价超越你。所以，那时候的房地产开发就是把地价、房价往上推,开发商追求的是高杠杆、大规模、快周转。

到 2019 年,中国有超过 36 家房企实现了超过 1000 亿元的年销售规模,千亿规模成了参与房地产行业竞争最基本的门槛。[①] 值得注意的是,碧桂园、万科集团、中国恒大、融创中国等都以数千亿元的销售额跻身行业前列。

房地产行业成为国内造富最多的行业之一。像香港的李嘉诚、李兆基等人一样,内地的王健林、许家印、杨惠妍等人,数次登顶成为中国首富。《2019 胡润全球房地产富豪榜》显示,全球共找到 239 位十亿美金地产富豪,中国以 58% 的占比遥遥领先,其次是美国的 11% 和英国的 7%。全球十大地产企业家中,有 7 位来自中国,其中 61 岁的许家印以 2500 亿元成为全球地产首富。[②]

这种运行模式,在房地产持续发展、地价房价顺势向上的时候,开发商会赚很多的钱。可一旦逆周期发生,资金回笼不到位,资金链断裂,就容易产生危机。近几年,房价宏观调控以及金融去杠杆等政策,让房价回归常态,使高增长成为过去。数据显示,1998—2008 年,房价每年增长 25% 左右;2008—2012 年,每年增长 15% 左右;2012—2018 年,增长率大体维持在 7% 左右;如今增

---

① 中国指数研究院. 2019 年中国房地产销售额百亿企业专题研究报告 [R]. 2019-12-31.
② 胡润研究院. 2019 胡润全球房地产富豪榜 [Z]. 2019.

幅进一步下降，2018年增长率是1.8%。传统的开发模式受到严峻挑战，这也是开发商纷纷喊出"现金为王""活下去"的根本原因。

中国房地产还有一个独特现象，就是房地产商、房地产开发企业的数量是世界之最。美国50个州的工商登记里，注册房地产开发企业的不超过500个，二手房买卖的服务型中介不算在内，即搞基本建设造房子、卖房子的企业在整个美国没超过500个。中国有多少？根据2018年的统计，在全国各地工商局注册登记的房地产开发商一共有9.7万个。这些公司大到上万亿元规模，小到几百万元规模，既包括大的品牌公司在全国各市区县拥有的几百个层层叠叠的子公司，也包括数目不详、杂七杂八的空壳公司、僵尸公司。在这9万多个房产企业中，规模排在前15%的，2018年实际的施工、竣工、销售面积，占据了全行业85%的比重，也就是说，在中国有8万多个房产企业只干了全行业15%的规模。这些房企未来至少会减掉2/3，十几年后中国房地产开发企业的法人数不会超过3万个，但3万个可能还太多。①

在这样一个从增量时代向存量时代过渡的新窗口时代，政策将持续进行供需调控，过去"胆大为王""人人弯腰就可以捡到黄金、人人皆可赚钱且越胆大越赚钱的时代结束了"②。房地产企业摒弃粗放型发展模式，品牌集中度持续加强，专业化、规范化、品牌化的

---

① 黄奇帆.未来房地产发展的六大趋势［Z］.2019-07-13.
② 郁亮.楼市进入白银时代［N］.人民日报，2014-06-23.

竞争更加激烈，发展的关键词不再是"规模、拿地、杠杆、高周转、调控……"而是"战略、布局、产融、整合、活下来、转型、长效机制……"谁将最终胜出，靠的不再是冒险精神，而是综合实力与专业能力。

第二节　把土地作为信用基础

在中国特色的土地公有制度下，地方政府积极推动的土地"招拍挂"成为土地进入市场和推动城市化的主要方式。过去20年，卖地收入实际上成了我国地方政府财政收入的核心来源。

1944年7月，在第二次世界大战即将迎来全面胜利之时，西方主要国家的代表在美国新罕布什尔州布雷顿森林举行的联合国国际货币金融会议上，确立了"以美元和黄金为基础的金汇兑本位制"的国际货币体系。这个时候，黄金是货币发行的锚定物。该体系有助于国际金融市场的稳定，对战后世界经济复苏起到了积极作用。

只可惜好景不长，20世纪60—70年代，美国深陷越南战争的泥潭，财政赤字巨大，国际收入情况恶化，美元的信誉受到冲击，爆发了多次美元危机。各国纷纷抛售自己手中的美元，抢购黄金，使美国黄金储备急剧减少。1971年7月,第七次美元危机爆发,尼克松政府宣布实行"新经济政策",美元停止兑换黄金,意味着布雷顿森林体系全面瓦解。

美元找到一个新的锚定物——石油。石油是工业社会现代文明不可或缺的血液,是必需品,成了极为关键的战略物资。现在,由于科技快速进步,页岩气技术的突破,美元也脱离了对石油的依赖。那么,现在美元跟什么锚定呢?围绕着核心科技,也许是生物工程、5G、人工智能、大数据、云计算,等等。①

相对而言,中国的发展路径则有些不一样。传统社会中,货币发行的锚定物是贵金属,白银曾经是中国最重要的货币流通的支撑体系。那白银体系是怎么崩掉的呢?清朝末年,我们在几场大战中战败,签订了一系列不平等条约,把能够赔偿的白银全赔光了。民国初年一直到20世纪50年代之前,我国一直战乱频仍,货币发行是基本没有锚定物的。国民党政府在败退台湾之际,疯狂发钞,导致恶性通胀,民不聊生,政府信任全面崩塌。中华人民共和国成立之后,特别是改革开放以来,中国经济社会发展成就斐然,最关键的一件事就是货币体系稳定住了。中国政府的发钞跟黄金没有关系,跟石油也没有关系,那它跟什么有关系呢?土地!

中国是土地公有制的国家,通过土地作为货币发行的锚定物,

---

① 李军.轻资产发展之道[Z].2019-06.

这才是土地财政的根本逻辑。在高负债、高杠杆的运作模式下，房地产开发的全过程天然地跟货币高度相关，政府通过城市化进程使得房价高企之后地价持续上涨，由此，货币投放驱动房地产的快速发展，而每一轮房价、地价的上涨也意味着可以投放更多的货币。

中国的M2（广义货币供应量）从2004年开始，十几年持续保持百分之十几的年增长率，有些年份甚至达到百分之二十几的增长率。2018年，M2增长到了190多万亿元，而在2004年，M2只有20多万亿元。也就是说，这十几年来，M2涨了8倍，这当然会影响社会经济。很幸运，由于土地是货币发行的锚定物，房地产成了M2超速增长的一个吸收器和蓄水池，使社会商品的物价指数增长趋于平稳。

于是，肇始于"香港模式"的房地产开发模式与中国特色的土地财政制度相结合，把中国房地产体系推到了一个极致的高度，造就了中国房地产过去20年的黄金时代，这也是中国城市化伟大成就背后真正的秘密。

事实上，经过几轮高速增长，房地产与经济发展已经深度捆绑，转型刻不容缓。银行业超40%的贷款与房地产有关；居民财富的80%~90%集中于房地产，地方政府严重依赖土地财政模式。房价不可能永无止境地上涨，房价一旦大幅回调甚至崩盘，就会形成系统性风险，不论居民、银行，还是地方政府，谁都无法独善其身。

2017年底,"房住不炒"写入党的十九大报告。其背后的深层逻辑是,中国经济要转变引擎,不能单靠房地产拉动了。

2018年前后,"房住不炒"的中央精神逐步落地,中国房地产市场开始了从高速发展向高质量发展的转型换挡期,房地产"白银时代"来临成为共识。

第三节 "白银时代"怎么办

在房地产"白银时代"里,过去的开发模式和管理模式都面临着迭代升级。房地产行业的实际红利来自中国快速的城市化进程。在过去20年里,中国的城市化率上升了近26个百分点,中国城市人口每年以数千万的规模在增加,城市化过程中伴随着城市人口扩张,激发了巨量的购房需求。不仅农民工进城市,还有小城市的人到中城市、大城市、超大城市,人口在城市之间迁徙。城市人口的大幅度增长,城市规模的扩大带动了房地产业的增长。2018年,中国城镇化率接近60%,中国已经拥有8亿城市人,但与发达国家70%左右的城市化率相比,仍有10%的差距。若每年仍以1%的城市化率增速估算,中国城市化红利仍可持续10~15年,若考虑到区域发展不平衡、收入贫富差距悬殊,中国的实际城市化率水平并没有统计数据显示得那么高，中国城市化升级给房地产行业带来的持续红利期可能更长、更多。

在纷繁复杂的现象和数据面前，很多人往往希望用简单逻辑来解释。在一次次调控引致的房价涨跌循环中，房地产大佬、专家学者们对形势的判断出现了分化、讨论，甚至争论不休。2007年12月13日，万科的第一次"拐点论"在业内掀起了轩然大波，随后各种版本的顶点论、拐点论纷至沓来。我们慢慢发现，这些都是发展过程中的某个阶段，只是调整，不是转势，这种调整对有的企业是灾难，对有的企业却是机会。

再有，同样令人困扰且长期无解的命题是中国房地产到底存不存在泡沫？存在多大的泡沫？事实上，简单的"房价收入比对房价的认知""以房屋总市值推论中国房地产泡沫""现有的人均住房面积的统计"和"户均套数算法"都存在以偏概全的问题，这也是为什么经济学家们永远预测不准中国房价的原因所在，亦即他们所依据的经济学理论、原理、规则，他们赖以推演的逻辑、参照物和方法论，都存在脱离市场实际的问题。房价究竟高还是低，要具体问题具体分析，让市场规律说了算。在中国一、二线城市的核心区域，拥有交通、学区、商场、医院等配套设施的房价，体现的是居住、出行、教育、医疗等综合功能，用单一维度去判断，恐怕会有失偏颇。①

---

① 李军.轻资产发展之道［Z］.2019.6.

从更长的时间周期来看，1998年房改至今20余年，从2003年第一次宏观调控至今16年，中国房地产业还非常年轻，甚至还没有走完一个完整的周期，"白银时代"仍然大有可为，全面衰退的所谓"青铜时代"远未到来。

中国房地产市场是典型的政策市场，这在未来相当长一段时间内是不会改变的。房地产市场的平稳发展，关键在政策引导。就目前来看，房地产政策仍有一定随机性，金融环境仍然紧张，多年来积累的风险因素开始爆发，城市区域发展分化加剧，消费者的宜居需求不断提升，以及"一揽子"长效机制落地有一个窗口期和适应期，这些都倒逼着房地产企业尽快转型。

这个时候，战略制胜，房地产企业更应该重视打造某个细分领域的独特竞争力，只要踏准行业趋势和区域轮动节奏，精准布局，整合资源，好的企业就有机会弯道超车。

第四节　专业分工：效率与价值

中国的经济制度和金融环境也在发生着激烈的变化，这是机遇与风险并存的时代，是需要企业管理者拿出战略智慧及变革能力的时代。中国房地产开发模式一直借鉴"香港模式",亦即房地产开发的全部流程,从买地、建造到销售、管理都由一家开发商独立完成,是一种重资产模式。这种模式在过去取得了巨大的成就,如今源于政策与市场的两个明显变化,这种重资产模式遭遇严峻挑战。于是,我们也看到,各主流开发商纷纷启用"过冬"举措,秉持资金回流、安全第一的市场策略,更加注重品牌塑造和品质营造,更加注重用户体验。未来的竞争将是品牌综合实力的比拼。

问题是,既然大而全的传统模式遭受挑战,那房地产开发模式还有新的方向吗?有的,这就是"美国模式",其主要特点是专业化、精细化和金融化。

所谓专业化,在美国房企上的体现就是住宅建筑商、REITs(房地产信托投资基金)、房地产服务商三种类型,分别从事开发、运营和服务业务;所谓精细化,体现在不同类型房企深耕细分领域,极少混业经营,行业分工明确,各司其职,共同协作;所谓金融化,则体现在美国房地产金融发展水平高,房企对金融依赖程度深。REITs类房企在上市房企数量中占比70%,在市值上占比86%。他们专注于投资与自持,长期持有核心区位资产,依靠出色的运营管理获取丰厚的租金回报。[①]

这种专业分工非常细致,每一环节主体通过完成各自的任务获

---

① 夏磊.中国房企未来发展之路:美国专业化金融化模式经验[Z].恒大研究院,2019-06.

取利润，并与其他环节进行协作和流程对接，要求管理上更加精细、更加科学。土地开发商负责土地开发，地块划分商负责地块的规划设计，住宅建筑商负责建造住宅，中介经纪负责市场销售策划，保险机构负担各种风险的保障，物业服务则负责提供各种生活服务等。

"美国模式"提倡的专业分工模式，实际上就是我们常说的房地产代建模式，其核心就在于通过专业分工来提升效率、品质与价值。

房地产代建模式是由有开发需求的委托方发起，由拥有开发管理能力的受托方进行部分或全程参与拿地、融资、设计、营造、营销、交付介入、物业使用等服务，最终实现共同盈利的一种商业模式。[①]

专业化分工是市场经济比较和竞争的必然结果，有利于优化产业的人才、资金配置，提高行业效率，创造更高价值。市场竞争的加剧客观上加速了房地产产业链条上的专业化进程，投资与开发分离，开发与运营分离，一级土地与二级开发分离，都体现了这一趋势。

对比中美房地产市场的发展轨迹可以看出，过去20年中国房地产市场仍处于粗放生长的时代，随着"白银时代"的到来以及房地产市场由增量市场向存量市场转变，中国房地产市场从数量型增长迈向品质提升是必然趋势，并且一些新特点已经显现：

---

① 中国指数研究院.中国房地产代建行业发展蓝皮书[M].北京：中国发展出版社，2017.

其一，房地产行业模式持续升级。在现有政策驱动下，房地产行业剧烈分化，行业利润下行倒逼地产开发全流程标准化、规范化和精细化，房企将面临重新洗牌。如何摆脱沉重的土地成本？轻资产成为必然选择，以少量资本撬动大量盈利的商业代建、资本代建模式将化解目前的重资产困境。

其二，政策以稳定房价预期为主。政府进行供需调控，财政、货币甚至行政手段并举，积极探讨形成房地产可持续发展的长效机制，再加上近两年金融"去杠杆"的力度持续加大，也让房企的资金链紧张，无法再利用杠杆工具进行高负债运营。这就要求房企打造自己的专业能力，重视战略部署，重视精细化运营。

其三，居民的消费升级需求大范围释放。市场升级，居民购买力提升，消费更加理性，对住宅品质日益重视，不仅有较高的居住要求，还更多地考虑生活体验，这促使房企在推出产品时，就把使用功能、价值功能、服务功能等综合因素纳入考量。消费者对房产品质与服务升级的诉求表现愈加突出，也促使房地产市场的专业化程度持续提升。

因此，在新的竞争规则下，比拼的不是资金规模，也不是周转速度，而是效率、服务和价值，这需要行业参与者在专业能力上一较高下。目前，中国房地产市场的品牌集中度相比发达国家仍然不高，行业竞争加剧会导致市场集约度提升，"强者恒强"甚至"赢者通吃"的规律会在房地产业再一次上演。

产业多元化和综合运营商是大型品牌房企转型的主流方向，他们大都以房地产为基础，向商业服务、教育、养老、文化、金融、互联网等领域进行模式创新和探索，并通过收购兼并整合更多资源，打造核心能力，继续做大做强。为数众多的中小房企，若品牌实力不够，开发、销售能力不足，被兼并出局是大概率事件。

部分拥有优质土地资源的中小企业，若不愿意被大品牌兼并收购，寻找更具影响力的房地产品牌代为开发建造则是明智之选。选择商业代建模式，使他们在不丢失项目控制权的同时，仍可以确保项目的产品品质、溢价能力与盈利水平。

于是，轻资产运作的代建业务开始快速成长起来。无论是多元化尝试，寻求跨领域资源整合，还是专业化经营，形成差异化的竞争力，由"重"变"轻"，始终是房企转型的核心诉求。

轻资产模式的"轻"指的是专业，是效率，更是价值。房地产代建的商业逻辑在于，利用市场这只"看不见的手"，巧妙地把土地、品牌等资源进行重组和优化配置，提升效率和价值。作为一个轻资产业务模式，房地产代建业务在近年来能够快速发展壮大的原因也在于此。

因此，无论是从新形势下的政策导向、行业升级角度，还是消费升级角度，房地产代建模式的必要性、合理性和可行性都日渐凸显。房地产代建在行业中正扮演越来越重要的角色，开始在房地产行业蔓延，成为房地产行业未来发展的重要方向之一。

第三章　为什么是绿城

真正有价值的东西，
不是出自雄心壮志或单纯的责任感，
而是出自对任何客观事物的热爱和专心。

——爱因斯坦

"不能敲了！再敲，肯定不能按时交付了！"杭州绿城桂花城项目经理吴东升说。因为公司决定，桂花城的几幢房子要敲掉外立面面砖重做。[1]

2000年初，一个冬日的清晨，吴东升陪着来桂花城现场检查施工状况的绿城创始人宋卫平，与设计师陆皓、何兼等人走过建设中的春晓苑、南屏苑。因为一些房屋的外立面使用了红色的清水砖，此时正面临返工的可能，可是按照销售合同承诺，绿城应在两个月后向用户交付这一区域的房屋。

由于几幢位于视觉焦点的房子，外立面面砖的色彩与白色的塑钢窗、花岗石路面及其周围组团的色彩不协调，破坏了整个桂花城的视觉感受，这不符合绿城的审美，必须敲掉重贴。

两种清水面砖的视觉差别其实并不大，敲掉重做不仅意味着每幢楼房增加数万元的成本，也面临着延期交付的风险。但是，这细微的差别在绿城的专业视野中已经被放大了，在绿城这些完美主义者的眼中，这种差别是无法容忍的。

---

[1] 桂花城旧事[J]. HOME绿城，2002（14）.

绿城的工程管理人员都是建筑科班出身，整体素质较高。由于之前都是以做别墅为主，杭州桂花城项目算是第一次做大规模多层园区开发，在施工过程中还是出现了不少小纰漏。

在工程结束后，绿城召开桂花城项目评审会，系统、深入地审视在营造过程中的得失。最后还把会议记录整理成一本100多页的书——《桂花城批判与思考》，书中包含了从项目规划开始，到施工、景观、销售、物业管理等园区营造中的细节缺憾，下发到绿城的每一位员工手中。团队以此为契机，将ISO 9000质量管理体系引入绿城，以更科学、更严谨的管理手段来保证工程质量。在该书的序言中有这样一句话："拥有一双能够发现缺陷的慧眼，是产品进步的重要保障之一。"

2002年，绿城杭州桂花城全面竣工，虽然位于偏远的杭州城西，但"低密度、高绿化率"的规划思路，清新淡雅、含蓄大气的建筑风格，注重人与自然和谐共处的营造理念，还是引来业界一片叫好声，有媒体称其是"杭州历史上最经典的多层公寓"，成为绿城早期的代表作品。

中国房地产行业快速发展的20年，从某种意义上看，也是群雄逐鹿、野蛮生长的20年。从专业角度来说，早期的房地产开发准入门槛是相对比较低的，只要有足够的关系能够拿到地，就可以搞房地产。也正因为如此，在很长一段时间里，房地产行业的水平参差不齐，建筑质量也是泥沙俱下。行业集中度低，在某种意义上意味着发展层次、水平较低。各类区域型的中小房地产公司野蛮生长，房子的质量难以保障。

当然，在野蛮生长的行业生态中，也不乏坚守品质、以质量立足的房地产开发商，绿城就是其中的佼佼者。在绿城创立之初，宋卫平等人就确立了"真诚、善意、精致、完美"的核心价值观，致力于为社会创造安定、美好、和谐的居住文化，为城市和历史留下优秀的建筑精品。正是在这样的发展理论的指引下，绿城认为，房地产开发商的本质是做理想生活服务商，倡导"美丽建筑、美好生活"的核心诉求。

绿城人身上有一种与生俱来的理想主义情怀，这是绿城的文化基因。"我们是理想主义者，同时是有行为、有能力的现实主义者，我们的导向是理想主义的。"能够在品牌口号中如此旗帜鲜明地提出"理想主义"，并真诚地为之努力，这在房地产开发商中是不多见的。

第一节　绿城的基因

宋卫平算得上是一个特立独行的人。

1994年，在珠海闯荡了多年的宋卫平决定回到杭州开发房地产，他借了15万元，创立了绿城。在杭州这片肥沃的土壤中，绿城凭借优秀的营造品质与业主的口碑相传，很快在地产界站稳脚跟。从1996年开始，绿城用5年时间精心打造了九溪玫瑰园别墅，并由此奠定了其在高端房地产领域的地位。

宋卫平带领下的绿城，面对九溪天赋的自然山水，以尊重自然之心，引入美式别墅庭院为营造理念，实现了对区域内绝佳的自然人文资源的保护性开发，这一项目被业内专家称作"不破坏环境，不辜负山水，国内乃至国际一流的别墅园区"。

九溪玫瑰园一炮而红，绿城产品的气质和韵味已然形成。随后数年，杭州桃花源、江南里、桃李春风……一系列经典之作，绿城以文化赋予建筑气息与温度，赢得了业内外一致好评。"艺术""执念""完美"等充满理想色彩的评价已经把绿城和"理想主义"画上了等号。

绿城项目的规划设计水平很高，精工细活经得起考验，大量使用石材，非常重视物业服务档次。绿城为了做到精致，宁愿加大投入，牺牲利润。比如，前文提到的杭州桂花城项目，不仅敲掉清水砖，更因为景观未达到预期，追加了2000万元资金；杭州西溪诚园项目的入户大堂是按照五星级酒店标准建造的，不惜工本，追求极致；杭州蓝色钱江项目，光玻璃幕墙就花了6亿元，单方成本是普通石材外挂住宅的8倍。

又如，和同行使用同一类型的石材，绿城的价格往往要比别人高，有时要高1/3以上。为什么呢？挑石材的时候，绿城的工程师不但上午去看，还会在黄昏时候去看，下雨天也会去看。而且，在石材运到工地之后，有碎边的不要，有偏色的不要。按理来说，天然石材一定是有偏色的，但是绿城一定要一抹色的。所以，绿城很多项目用的石材，外人可能以为是人工石材，但其实全部是从天然石材中挑出来的。很可能供应商运过来三卡车石材，却运回去一车半，这样一来，整个成本肯定高很多。

宋卫平对每个细节都要仔细查看——材料必须用最好的，防水要比别人家多做两道；小区车道宽度必须达到7米以上……他还关注砖面衔接缝隙的误差、立面颜色是否和谐、窗户弧度是否舒服、地砖花纹是否协调。绿城人觉得这样的高标准理所应当。对于品质的追求，在绿城人的记忆中，是由无数具体故事与细节构成的。正是在这些不胜枚举的亲历故事与口耳相传中，做事的态度、操作的标准被保留下来，并不断加以丰富和更新。

可以说，绿城重新定义了豪宅的标准。

当时，中国房地产业开始蓬勃兴起，依托于宋卫平的强人管理风格，绿城项目成为"品质"的代名词，在良莠不齐、泥沙俱下的房地产业独树一帜。经过多年发展，绿城的产品系列已极为丰富，且涵盖了各个价格区间。绿城已经给人留下这样一种印象——无论行情好坏，都坚定不移地做好房子。在杭州，几乎所有绿城项目都很火，常常开盘就被抢购一空，似乎只要贴上绿城的品牌就能够多卖20%的价钱，这就是市场对于绿城品牌的溢价。

也正是对于品质的坚持，甚至偏执，决定了绿城从几万家房地产开发商中脱颖而出，成为一个极其独特的存在。这正是品牌的真正含义，也是头部企业的真正价值所在。绿城创业的头10年里，房地产行业顺风顺水，绿城也一路高速增长，风光无限，销售额从2001年的6.7亿元跃升至2006年的64亿元。2006年7月，绿城在香港联交所成功上市。

第二节 三次"生死考验"

把房子当艺术来做，虽然在市场上收获了一路口碑，但从商业逻辑本身来看，这种"高负债、长周期、重资产"的模式，抗风险能力其实很脆弱。房企拿地时需要加大杠杆、快速融资，营造上却需要精工细作，结果是越做越重。事实上，2007年之后行业周期波动时，绿城遭遇了三次"生死考验"。

第一次是2008年海外债事件。

当年，猝不及防的全球金融危机与宏观调控，让房地产市场在9月出现断崖式下跌，绿城年度销售额仅151亿元，完成目标的

3/4。资金链一紧张,银行纷纷叫停贷款,评级机构也因此给绿城降级。尤其是一笔4亿美元的高息海外债让绿城几乎濒临破产清算。幸好,金融风暴蔓延导致海外债暴跌,海外债权人拖不起,同意对债务打折偿还。绿城以高额代价与十多家信托机构合作还款,涉险过关。

第二次是2011年"绿城被破产"事件。

受益于"4万亿振兴计划",2009年楼市回暖,绿城销售额达到530亿元,仅次于万科的634亿元,位居全国第二。也正是在2009年,绿城共花费323亿元买地,成为当年买地最多的房企。2010年,绿城遭遇史上最严宏观调控,由于项目周转过慢,在资金匮乏、销售不力的时候,资产负债率持续高企。

2011年,绿城资产负债率继续上升到148.7%,形势不容乐观,人们纷纷揣测,这轮宏观调控中第一个倒下的巨头很可能会是绿城。2012年初,绿城被迫转让6个项目,回笼资金60亿元。后来,在降价、卖项目都不奏效的情况下,绿城不得已寻求股权合作。

2012年6月,先是九龙仓斥资51亿港元入股绿城,受让24.6%的股权,成为第二大股东;后融创又以33.7亿元获得绿城9个项目的一半股权,组建了股权各半的合作平台"融绿"。至此,绿城的负债率终于降到了100%以下,再度化险为夷。

第三次是2014年"融绿之争"事件。

对品质追求十分严苛的宋卫平带领的绿城销售团队狼性不足,而孙宏斌带领的融创团队却以狼性销售著称。双方在融绿平台上度过了一年多的蜜月期,产生了深度合作的意向。2014年5月,宋卫平决定把24%的绿城股权转让给孙宏斌,融创拿出50.6亿元完成此次收购。

仅仅半年后,宋卫平就后悔把绿城卖给了一个不该卖的人。融创入驻绿城后,销售业绩有了很大起色,却背离了绿城一直重视真诚和品质的原则。宋卫平认为,这是绿城的基因、价值观和生命线,绝对不容背弃。绿城付出极大的代价,让融创退出,换得宋卫平的重返。直到2014年12月23日,中交集团宣布出资收购绿城的股份,"融绿之争"才宣告结束。

"成也萧何,败也萧何。"绿城之所以是绿城,靠的是当时整个绿城团队的理想主义,靠的是他们对产品品质的极致追求。然而,绿城的匠心营造同时也牺牲了速度,其产品生产和销售周期明显长于同行,导致其抗风险能力弱。

2007—2010年,绿城的平均存货周转天数为2217天,这就意味着项目从拿地到交付给业主平均需要6.07年,也就是从资金投入到产生会计利润的平均时间在6年左右;而龙湖这个数字仅为3.04年,万科仅为2.92年,均远远低于绿城。

当年绿城的快速成功,是因为大家都处于中国房地产快速发展的好时代,土地价格飞涨,房价飞涨,所以在品质上的投入成本约束不明显。可是后来,宏观调控来了,限房价、限地价,导致快速周转的企业能够以时间换空间,绿城仍然以高投入来坚守极致品质，必然会处处慢半拍，利润水平下降，陷入困境甚至经受生死考验，恐怕是必然的结果。

从行业视角看，这也并非绿城一家面临的问题，只不过这个问题在绿城身上体现得比较明显而已。房地产行业有天然的杠杆放大效应，在上行周期，开发企业现金回流快，于是加大投入买地，进一步推高地价、推高房价，再回流、再加杠杆，核心目标是快周转。可是，一旦市场调控或进入下行周期，快周转策略就会出问题，于是房企竞相降价销售，甚至是减配降质，去杠杆的过程是很痛苦的。

这也促使重组后的绿城团队从战略层面开始思考，在品质营造追求完美的时候，如何平衡好负债水平与周转效率、品质营造与市场需求、理想主义与商业周期的关系？绿城的核心能力在哪里，新的发展路径在哪里？既然重资产模式是问题根源，那么，在寻求模式创新的时候，房地产代建业务这样的轻资产之路就很自然地成为首选。

第三节 探索"轻资产"

2009年，绿城销售额大增，形势一片大好。绿城要抢第一，首要动作就是拿更多的地,那一年绿城共花费323亿元买地,成为当年买地最多的房企。接着是要招更多的人,当年绿城的管理、工程、销售团队都在进行人员招聘,力争全面扩张。

2010年,"国十一条""新国十条"等调控政策密集出台,市场逐渐下行,绿城发现,销售受阻,不仅资金链紧张,而且很多新扩张的团队人员也多了出来。人力过剩怎么办?管理层开始启动"人力输出",说白了就是自己的人出去替别人打工,赚一点辛苦钱,养活自己。其时,绿城的政府代建业务已经摸索了5年,经济效益、社会效益都很显著,内因外因叠加,促使决策层把房产代建业务作为新的战略方向也是应有之义。

2010年9月,绿城依托绿城品牌和团队实现业务创新,以契约形式向合作伙伴提供品牌输出与项目管理服务,与合作伙伴"共同创造城市的美丽"。自此,绿城在非主动选择下,开启了后来被称为"轻资产开发服务之路"的代建业务。

国内的房地产代建业务,最早起源于1993年的福建省厦门市,之后10余年里,代建委托方仅限于政府部门,政府通过直接委托或者招标等方式,将非经营性政府投资项目委托给市场上专业项目管理公司进行建设管理。当时代建的项目包括安居保障社区工程、商业综合体、集体住房、保障性住房等,业务主体明确,模式简单。

2005年,绿城首次介入杭州江干区城中村改造暨安置房代建项目，当时是接受地方政府委托，按照既定要求营造、管理和交付，绿城发挥了精细化管理的经验和品质营造的能力，在成本规定的范围内，把产品品质做到最好，赢得了政府和业主的一致好评。2008年，杭州城西蒋村区块改造时，村民指名要求由绿城来承担他们的安置房建设，既然老百姓认可，政府也乐于推荐，宋卫平欣然接受了这一托付，并提出了"做全国一流安置房"的目标，他要求绿城的安置房，无论是外观、材料、户型结构，还是社区里的配套设施，都必须参照商品房标准。绿城的政府项目不放松标准，品质不打折，均以微利交付，得到政府和社会的高度认可与赞誉。

虽然利润不高，但政府代建的项目贵在稳定，绿城这样边干边学、摸索前行，数年间也积累了一定营造和管理经验，放大了品牌知名度和美誉度，绿城的品牌被越来越多人知晓和认可，一些商业代建的业务也开始委托过来。2010年，绿城房产建设管理有限公司成立，标志着国内首家轻资产模式的房地产开发管理型公司就此诞生。宋卫平提出了"为更多人造更多好房子"的宗旨，绿城开始从事纯市场化的商业代建，没有先例可循，一切都要"摸着石头过河"。可以说，绿城在前面三五年探索商业代建业务时是吃过很多苦头的，也有过很多教训。

图 3-1　绿城管理集团总部（绿城·杭州西溪国际）

其实，纯商业代建和政府代建的商业逻辑是不一样的。最重要的一点是，政府代建是按照标准营造出来就可以交付，商业代建的标准则需要自己制定，需要接受来自市场的选择和考验。绿城做商业代建派出的第一批总经理几乎都遇到了各种麻烦。最主要的原因在于，绿城司空见惯的成本投入，对一些委托方来讲，是价值理念的颠覆，他们向来认为能够在合理的成本里做出差不多的产品就好了，即追求所谓的价廉物美。实际上，根本不存在价廉物美的东西，你要做到精致就一定要投入。这个理念需要市场启蒙的周期，也需要在市场中优先寻找价值观一致的委托方合作。

商业代建业务更大的挑战在于各个环节都没有服务标准，委托方、受托方的权限范围、责任边界和收益分配都没有法律规定，大家只能边干边学，遇到问题再去解决。绿城在代建业务中扮演的角色很微妙，从严格意义上看，其执行主体在法律上是不存在的，它既不是一个政府承认的开发商，也不同于只需要负担项目建造环节的承建商，它其实是一个带着品牌进入的服务商，又是消费者认可的品牌主体，承担着消费认知和品牌风险。

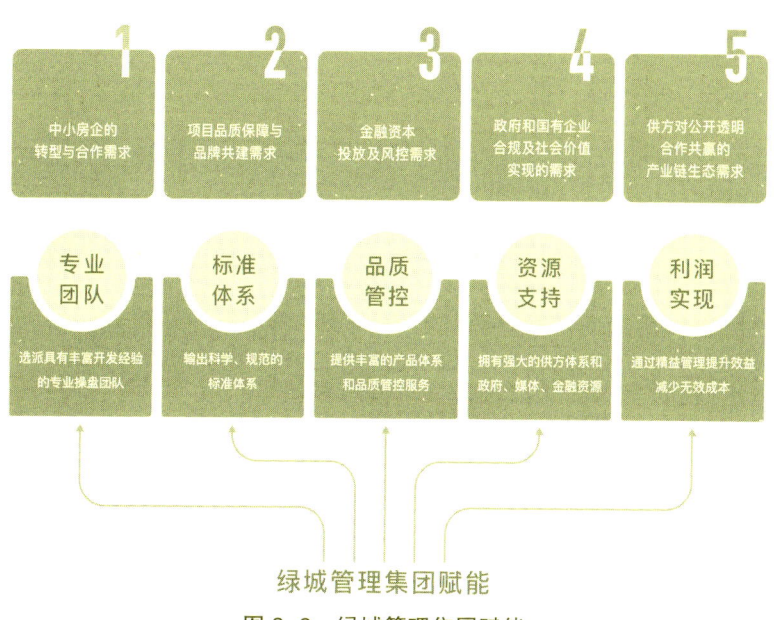

图3-2 绿城管理集团赋能

绿城持续地从一些商业代建项目中积累经验、总结教训，一边在制造端摸索产品及服务标准，确保品质营造落到实处，一边在需求端探索更加有效的合作模式，围绕着项目实践，持续进行创新迭代，并开始从行业高度思考业务模式，发现其商业逻辑和运作模式跟大家习以为常的自投模式完全不同，并且存在着各种迭代跃升的可能性。

第四节　轻重并举

2015年9月，绿城整合绿城鼎益、绿城时代两个代建平台，成立绿城房地产建设管理集团（简称绿城管理），提出"管理创造价值"的服务理念，正式成为绿城对外实施品牌输出和管理输出的主体。绿城从此在品牌和管理输出的轻资产模式上大踏步前行，渐成气候。

绿城管理集团的成立，标志着绿城代建的商业模式已经被反复验证，经过了尝试、思考、探索、试验阶段，跃升到成建制、成规模快速执行阶段。2016年6月，绿城管理进一步将蓝城旗下的代建业务整合纳入，绿城中国也正式开始了"轻重并举"的新时代。依靠绿城20多年来积累的品牌价值、管理团队、研发能力、营造经验、客户资源等核心优势，绿城管理将绿城所拥有的核心专业力量及管理能力集合成各专业管控中心，对代建项目进行技术支撑、专业管控和品牌服务。

图3-3 绿城房地产建设管理集团有限公司成立大会

在过去数年间,绿城逐渐迭代到如今代建4.0的高级阶段——合作共赢的平台化阶段。对于绿城中国来说,代建模式是绿城轻资产运营的实现路径。绿城形成"轻重并举"的局面,至少有三个积极意义:

其一,模式互补,稳健发展。这个模式几乎完美地解决了绿城坚持理想主义的品质营造和重资产抗风险能力弱的矛盾,代建业务虽然利润不多,却快速做大了规模,打响了品牌,这让绿城原有的重资产自投板块也更加稳健从容。从合同销售面积来看,代建业务约占据一半,从销售金额来看,代建业务也占了1/3强,且保持着30%左右的年复合增长率。更重要的是,代建业务板块完全轻装上阵,没有一分钱负债,毛利率却可以做到惊人的50%左右。随着规模效应的不断扩大，代建业务的盈利能力逐年稳步提升，必将进一步增加利润贡献，轻资产业务的未来想象空间巨大。

其二，锤炼团队，赋能品牌。由于这些项目仅仅输出绿城品牌和专业团队，在保持绿城基因、坚守品质营造的过程中，并不需要绿城本身进行重金投入，既获得了代建费的收益，又能培育和锻炼团队。绿城过去已经形成的制度、流程、标准、品牌以及经验都在对外开展合作过程中和项目营造中得到检验、锤炼，在实践中沉淀的经验和知识，以及快速成长的管理型人才，甚至能反哺自投板块，优化重资产模式。更重要的是，所有代建项目最终均以"绿城"的品牌形象出街，在地方政府部门和不同类型的城市群体中保持存在感，获得来自业主的好口碑，提升了绿城品牌的整体知名度和美誉度。

其三，平抑周期，稳定预期。对绿城中国而言，代建除了贡献规模，轻重并举，还有平衡周期的重要作用。轻资产模式在房地产天然的经济周期里，与重资产模式形成反周期，起到"削峰填谷"的作用。行业下行周期反而是代建机会最多的时候，因为终端客户会更相信品质开发商，绿城管理能为委托方提供更多的信用背书，加快项目去化，确保现金流。于是，下行周期更加凸显轻资产模式的优势所在。很显然，有了代建业务的快速发展，绿城中国不用再为房地产行业周期波动、宏观调控等外部因素担惊受怕，从此迈入了稳健发展的轨道。

代建业务在绿城内部以轻资产模式得到鼓励和支持，被给予了较大的发展空间。尽管伴随着问题与挑战，"由重变轻"的模式创新却符合行业发展趋势，房地产代建业务将高速发展起来。没有方向就寻找方向，没有标准就创造标准，绿城代建团队在业务实践中边干边学，开拓创新，在摔打中成长、在磨砺中成熟。

处于战略性转型期的绿城中国，拥有三大业务板块，形成轻重并举，进可攻、退可守的稳定发展局面：第一是重资产板块，包含绿城小镇集团、各城市公司以及亚运村项目，是绿城中国的基本盘；第二是轻资产板块，绿城管理集团代建业务凭借一级营造水平、高品质的产品以及标准化的运营模式，成为新的增长引擎；第三是"绿城+"，积极培育与房地产主航道业务并驾齐驱的重大蓝海产业，找到房地产业务之外的第二增长极。

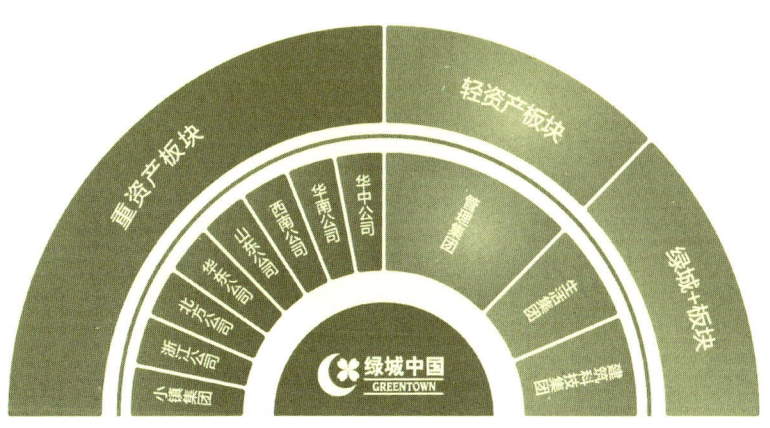

图3-4 绿城中国业务板块

谁也无法想象，当初可能是一个被逼无奈的能力输出，经过短短数年时间，已经迭代成为核心的商业模式，在成为头部，拥有流量之后，它甚至能够在绿城基因的坚实土壤中，构建起一个前所未见的"代建王国"，把利益相关方涉及的各种人群和需求都囊括进来，有城墙，有护城河，有信任，也有信仰，自我迭代，自我循环，充满无限可能。

在绿城之后，国内具有品牌影响力的房企品牌——万科、滨江、建业、绿地、阳光城等企业纷纷落子代建项目，但大都作为自投模式的有益补充，很少像绿城这样，在战略层面成为主要方向。作为国内最早以轻资产模式运作的房地产开发管理型公司，绿城管理除了在规模上领先，还扮演着代建行业先行者和规则制定者的角色。

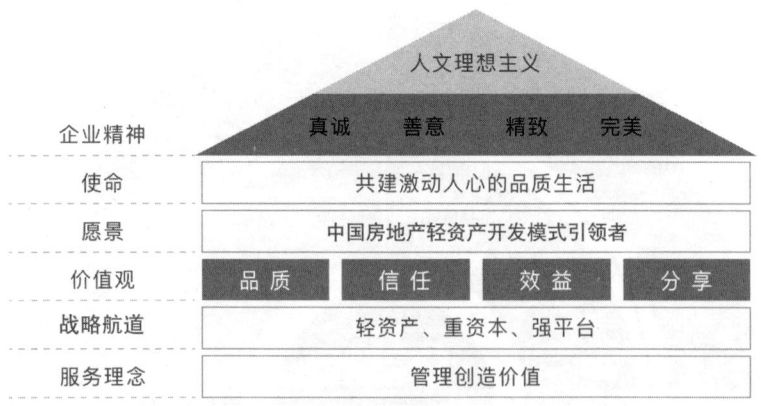

图 3-5　绿城管理集团理念体系

中国房地产已经进入了新常态，投资与开发分离是国际主流趋势，房地产代建业务也将是万亿元规模的蓝海。近年来出让的土地中，仍有超过10万亿元的可售金额没有被开发。在市场回归理性的时候，一些缺少品牌力、资金和开发经验的中小型开发商，自己开发可能遭遇的风险大大增加，他们会逐渐倾向于委托品牌代建方来完成项目，这样既能保障品质，还能增加溢价。

这就是房地产代建业务的机会，更是绿城管理的机会。

第四章 政府代建开局

先于变化采取行动。

——杰克·韦尔奇

"太漂亮了！太厉害了！"2018年10月13日下午，苗乐如第一次走进杭州萧山大江东义蓬政府保障房项目工地时这样说。①

近年来，绿城管理集团持续在代建项目所在地举办各种类型的"全国工地开放日"，其目的就在于将项目工地"围墙里的世界"向业主和客户开放，零距离接受社会各界检阅，无论专家、媒体，还是客户、业主，甚至同行都能够参加，见证保障房匠心背后的营造细节。

杭州萧山大江东义蓬项目是绿城管理集团代建的政府保障房项目之一。当天，绿城管理集团"全国工地开放日"第六季活动在杭州大江东义蓬政府保障房项目工地启动。苗乐如是中国房地产业协会副会长，受邀来杭参加启动仪式，并在绿城管理集团执行总经理林三九的陪同下，体验了开放日各项活动。

苗乐如是位见多识广的资深专家，几十年来一直负责北京市住房制度改革和房地产管理工作，视察工地是他的日常工作。但是这一次，尽管有心理准备，但是建筑专业出身的他在参观整齐有序、

---

① 网红安置房代建的秘密. 新浪乐居财经 [EB/DL], 2018-10.

规范标准的工地时,还是对管理精确度和品质管控细节印象深刻,感慨不已。对保障房项目有这样的高标准,让他感到更加意外。其实,像苗乐如这样对绿城品质营造从"闻名已久"到"眼见为实"的专家有很多。

现场,林三九介绍:"重视工地是重视品质的根本,一家以品质为先的房地产开发企业,如果不在乎工地,那一切都是假的。"对绿城而言,无论是商品房还是保障房,只要是绿城的作品,就要按照绿城的标准进行品质管理和营造。更何况保障房项目是政府工程、民心工程,从某种意义上看,品质营造更加重要。为老百姓造房子要对得起自己的良心。

保障房在很多人心目中是档次不高、外观一般、未来市场价值有限的代名词,但绿城保障房项目却经常打破这种刻板印象。绿城对于保障房品质细节近乎苛刻的追求很快成为行业的模板,引领了保障房建设的未来方向。有了绿城"品质营造"的引领,杭州的保障房项目一改过去品质差的面貌,成了高颜值和高品质的代名词。从2005年至今,绿城保障房升级换代,参考绿城知名产品系列匠心营造,整体品质不断提升,丝毫不输一般商品房,被各地网友和媒体誉为"最美保障房",斩获了包括"詹天佑奖""广厦奖""钱江杯""西湖杯"等在内的各类奖项。

绿城做保障房却跳出保障房的范畴,去寻找生活的价值。一个好的社区对整个城市、整个社会的生活方式、文明程度都能产生潜移默化的影响。绿城承接保障房代建开发业务之时，也始终把经营目光聚焦于产品品质和生活场景打造，推行因需设计、样板先行、匠心营造、全程监督，让业主感受到高品质的居住体验，实现了百姓、政府、社会和企业多赢局面。

正是从政府代建开始，在每一个项目追求完美的细节营造中，绿城代建王国的一砖一瓦被建造起来。

第一节　参与营造保障房

"安得广厦千万间，大庇天下寒士俱欢颜。"千百年来，住有所居一直是人们的理想和追求。住房问题既是民生问题，也是发展问题，关系千家万户的基本生活保障，关系社会和谐稳定。

改革开放初期，我国城镇住房基本都是福利分房。家庭人口多、住房面积小，三代甚至四代同居一室是当时极为常见的情况。那时候，城镇居民居住条件只能依靠福利分房制度小范围、分步骤解决。

自1998年开始，中国对城镇住房制度进行全面改革，提出停止住房实物分配，推进住房商品化、社会化。不过，在相当长的一段时间里，政府对向社会低收入住房困难家庭提供廉租住房和经济适用住房重视不够。经济适用住房投资、施工面积和供应套数虽有提高，但仍远远满足不了社会需求。

根据住房和城乡建设部的数据，1994—2007年，中国各地政府共建设廉租住房、经济适用住房等保障性住房1000多万套，改善了部分城市居民的居住品质。然而，社会中低收入群体改善居住条件的需求和政府保障性住房体系建设滞后的矛盾越来越突出，到2010年底，仍有2000多万户城镇低收入和少量中等偏下收入家庭的住房不成套，设施简陋。其中，1000多万户居住在棚户区中。①

2007年，国务院发布《关于解决城市低收入家庭住房困难的若干意见》（国发〔2007〕24号），提出"进一步建立健全城市廉租住房制度""改进和规范经济适用住房制度"。各级政府"看得见的手"开始快速行动起来，定目标、给资金、给政策，层层落实，以2008年为开端，中国开始大规模建设保障性住房。

在房地产政策改革和保障房建设等多个方面，浙江杭州市一直走在前列。福利分房政策停止后，杭州市围绕"住有所居"和"住有宜居"的目标，一手抓商品住房体系建设，一手抓保障住房体系建设，形成了商品房和保障房"两条腿走路"的模式。

2005年10月，绿城与杭州市江干区政府签署《战略合作框架协议》，介入杭州市江干区建筑面积为9万多平方米的彭埠安置房代

---

① 2011年10月25日，时任住房和城乡建设部部长姜伟新向全国人大汇报工作内容。

建项目，开启了绿城保障房建设之路。

绿城一开始对保障房没有盈利要求，要让普通百姓也能够分享城市化发展的文明成果，宋卫平希望绿城把保障房当作功德来做，"给老百姓造房子是最大的福报"。

绿城刚接手彭埠云河家园项目（即杭州明月嘉苑）时，[①]这个项目的规划设计已经完成，但绿城提出，旧方案中的规划设计、外立面及公共部位存在许多不足，以绿城的品质标准，必须对原方案进行全方位修改调整，这涉及的不仅仅是时间问题，还关系到成本、进度等，难度可想而知。

图4-1 绿城第一个保障房代建项目——
杭州彭埠云河家园（后更名为明月嘉苑二区、三区）

---

① 方张接.彭埠安置房亮丽身姿即将呈现[N].杭州日报，2009-04-16.

对于品质营造，绿城是擅长并且有耐心的。他们联系政府和原设计单位，邀请绿城建筑设计有限公司一起，对原有方案进行优化设计。通过对外立面的颜色、美感、空间围合、功能规划、经济投资等诸多方面进行多次论证、修改、分析、评审，最终拿出了令政府部门信服的设计方案。

新方案中，原有的普通塑钢门窗被更换为彩色覆膜的塑钢门窗，阳台栏板从铸铁材质换为铝合金玻璃，外立面的品质问题得以解决，建筑的视觉更具品质感。为了严格控制外墙面砖的质量，工作人员冒着高温，花了3个月，把300万块面砖都敲了个遍。

那时候，品牌开发商代建保障房的案例并不多，绿城按照商品房标准建保障房的做法更是超前。2009年6月，杭州彭埠云河家园小区竣工，政府很满意，业主也喜出望外。在此后短短几年，绿城凭借品质营造的优异表现，陆续承建了杭州市上城区、下城区、江干区、拱墅区、西湖区、滨江区、萧山区、余杭区、富阳区、临安区、钱塘新区、淳安县，以及浙江省内的宁波、温州、绍兴、嘉兴、金华、义乌、台州、丽水、舟山等城市和省外的江苏、江西、山东、河南、四川、辽宁、新疆、海南等省份，累计287个政府代建项目。

第二节 代建渐成气候

所谓保障性住房的代建制度，是政府通过公开招投标等方式，选择专业化的项目管理单位负责建设实施，按期竣工验收后完整移交给使用单位的非经营性政府投资项目。其中，政府会严格控制项目投资、质量和工期。

保障房代建的招投标一般由政府职能部门牵头，往往将施工、设计、材料等多个环节分开招投标，最终各个中标单位再一起合作代建。这样的方式不仅耗时长，财务成本高，而且由于中标单位的实力参差不齐，使得保障房工程进度和质量常常不尽如人意。有的地方对保障房的设计、施工、监理、验收把关不严，个别工程还使用不合格的建筑材料，存在质量安全隐患。

2005年，浙江省发改委发布《浙江省政府投资项目实施代建制暂行规定》，本着"先行试点，逐步推广"的原则，首先在省级非经营性政府投资项目上进行，可采用全过程代建方式，也可采用分阶段代建方式。同年，杭州市政府率先行动，予以贯彻落实。

保障房是一项惠及民生的重要工程，不容有失。2008年杭州市政府出台《关于推行杭州拆迁安置房项目代建制的实施意见》（杭政办〔2008〕397号）。2010年1月，杭州市政府要求"进一步提高保障性住房品质。实施保障性住房建设代建制，选择实力强、信誉好的品牌企业承担经济适用住房、拆迁安置房、人才专项用房的建设"。次年,杭州市政府提出保障房营造标准:"新建安置房品质不低于中等商品房标准。"

腾笼换鸟、筑巢引凤,改善市民生活环境,推动产业和城市的更新升级,杭州在部署拆迁安置房和危改房时,以保障房代建模式,引入优质本地开发商,包括绿城、滨江、宋都、德信等品牌房企,都先后参与进来。

其中,积极性最高的当属绿城。

与一些品牌房企浅尝辄止、小打小闹不同,绿城积极建立专业团队,参与浙江省内外多个保障房代建项目,把政府代建作为轻资产模式的重要业务方向进行思考和探索。

比如,建设于2007年的绿城第一代保障房园区之一——青岛理想之城百合花园,把在当时商品房营造中积累的很多人性化经验,如人车分流、游泳池、会所都应用到园区内,被誉为"青岛史上最牛安置房",成为全国安置房建设的样板工程。

图4-2 青岛理想之城

又如，2008年，杭州骆家庄、五联村实质性改造启动之时，在政府部门进行的调研中，一些农民就非常明确地提出，要由绿城来做这里的城中村改造项目。对于农民的要求，绿城欣然应允。由于绿城的参与，城中村改造和拆迁工作进展很顺利，超预期提前完成。

到2011年，保障房代建业务越来越多，收入也很稳定，绿城成立绿城乐居，专业对接政府需求，从事政府建设项目管理服务。这实际上是把绿城一流的人才、一流的管理、一流的工程队伍单独拿出来，专注、专业、专职地进行政府保障房建设。

若从纯商业视角来看，在房地产行业快速崛起的时代里，与直接拿地自投资金开发相比，保障房代建并非一门好生意。对房企来说，为政府代建保障房是轻资产模式，钱和地是政府出的，代建商要"戴着镣铐跳舞"，在有限的成本范围内，做出最好的产品品质，没有杠杆、没有套路，考验的是房企实打实的专业营造能力。做不好容易遭埋怨，做好了又赚不了钱，这是大多数房地产商不愿意涉足保障房项目的根本原因。

对于代建报酬，杭州市建委有文件规定，拆迁安置房建设项目代建收入必须遵循相应标准，并且按照《政府采购法》以及省市的有关法规规定，代建单位除了管理费收入，不得有其他与利益有关的行为收入，扣除税金、保函等费用，基本上能做到持平和略有盈余就已经相当不错了。

在保障房代建中,绿城向政府提供全流程的专业服务,贯穿前期管理、规划设计、工程和成本管理、验收交付全过程,收费标准也是统一的。以杭州地区为例,目前绿城代建的保障房造价控制在每平方米3000元左右,每平方米仅能收到90元左右的代建费。①

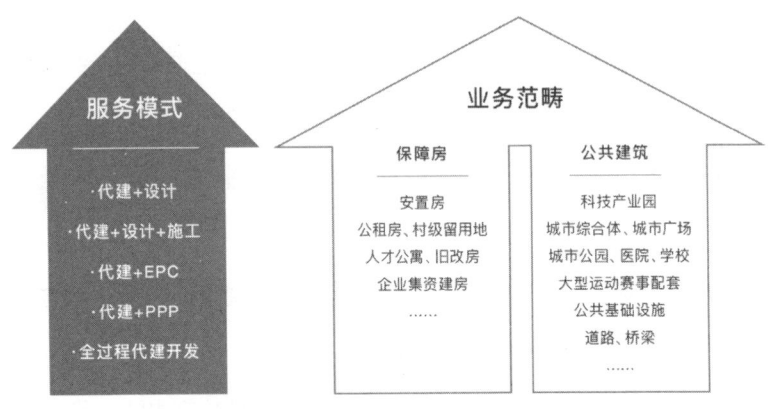

图4-3 绿城管理政府代建的服务模式和业务范畴

绿城参与保障房建设不是看眼前,而是看长远;不只看经济效益,更看社会效益;不仅做参与者,还勇当责任者。绿城在秉承"为更多人造更多的好房子"的初衷和理想,积极践行社会责任之外,还有哪些商业考量呢?

一是稳健互补的业务模型。由于开发保障房是政府大力倡导的,不管市场环境好不好,保障房既无须投入重金,也无须考虑销

---

① 李一帆.一平方米收入90元保障房之王绿城是如何做这门生意的[N].界面新闻,2017-02-11.

售问题，尽管利润率有限，但能保证企业现金流的稳定，且政府或许还有一定的优惠政策。相对于绿城房地产开发的自投业务，政府代建业务是良性互补，细水长流，非常稳健。

二是品质营造的成本约束。作为一家致力于做精品房产的开发商，绿城建造了众多高品质的、受社会精英追捧的大师级作品。绿城需要造出不输于商品房的保障房，既要保障品质，又要严控成本，这对于在商品房上以不惜工本著称的绿城来说是极大的考验。过去为了品质营造"不计成本"的做法显然已经行不通。所以，在硬性成本的约束下，倒逼出来一套在既定成本下寻求最优品质结果的精细化管理模式，不是依靠资金投入，而是通过管理创造效益，这恰恰是绿城代建赖以生存的核心能力。

三是品牌传播的口碑效应。保障房代建项目体量较大，涉及社会群体比较广泛。只要把项目品质做好了，加上政府背书和群众口碑，社会效应很快就体现出来了。居住在绿城园区中的居民，在感受到居住空间、居住形态带给他们的品质感的同时，一定会成为绿城品牌的拥护者和传播者。

事实上，短短几年，绿城通过如青岛理想之城、宁波研发园、海尔绿城·济南全运村、千岛湖珍珠广场、新泰清音公园、嵊州越剧艺术学校等项目的开发建设，摸索出了一条政企合作的商业模式，积累了政府代建中宝贵的管理经验。无论难度系数多大的项目，绿城强大的项目管理团队均可以迅速落地，因为他们在标准化管理与精细化施工的实践中,探索出了一条切实可行的产品体系,逐渐树立了绿城保障房的口碑,也成了绿城代建品牌的"安全底仓"。

同时,绿城品质保障房树立了行业新标杆,用每平方米3000元左右的造价,做出了不输于商品房的品质,让保障房突然变成一门透明而规范的生意。在此之前,国家对于保障房建设并没有统一的标准,乱象丛生,如今比照绿城标准的优质保障房四处开花。

第三节　凭啥秒杀商品房

2016年之后,绿城管理集团下属的绿城乐居团队专业从事政府代建业务,绿城保障房建设进入规范发展的快车道。绿城管理坚持从规划、设计、景观、装饰、材料、质量、成本以及验收等环节,对保障房项目进行全过程严格把控和精细化管理,建成了全国一流的保障房。很多地方政府主动上门寻求合作,绿城积极参与安置房、保障房、经济适用房、人才公寓、城市广场、学校配套等多种类型政府代建项目的建设,绿城的政府代建业务形成了"品质营造—民众口碑—政府信任"的良性循环。

如何做到保障房建设"面积不大功能全、占地不多环境好、造价不高质量优"，让居民享受一流品质，住得更加有尊严，绿城管理在规划设计、工程营造、材料供应、成本控制等方面整合优质资源，不断创新与探索，形成与保障房相适应的管控模式，在实践中逐渐形成了一套全过程服务体系。

绿城管理政府代建项目营造过程具有以下四个鲜明特点：

第一，重视调研，按需设计。项目开始之时，调研工作是第一步。要充分考虑不同群体融合、社区有效管理、安置满意度等问题。在设计前期，调研区域发展、传统文化、风俗习惯等，形成有针对性的前期调研报告，以指导建筑规划设计。

比如，杭州红五月保障房项目，项目团队就针对红五月村约5334名村民进行了年龄层分布研究，并对各年龄层居住需求进行分析；浙江武义保障房项目涉及600多户村民，项目团队对其中100名村民进行了15次面对面调研。这些调研并不是简单的肯定或否定，而是开放式的，村民关心的重要问题都要体现出来。[①]

又如，荣获最佳设计金奖的成都龙泉驿安置房项目，对哪怕只有35平方米的小户型也进行了精心的空间设计，同时提供多种家具分割方式，帮助居民根据自己的个性化需求进行自由组合，让空间的使用率最大化。

在户型设计时关注居住对象对厨房、餐厅、客厅等生活空间的

---

① 王恒嘉.绿城的保障房，为啥能秒杀别家商品房[N].明源地产研究院，2019-11-20.

一般性诉求；园区配套中关注对文化礼堂、红白事馆等特殊需求的分析；在公共区域设计中设置引导安置户向城市生活习惯转变的设施……这些调研结果都会反馈给设计规划团队，在设计方案形成阶段，严格遵循设计方案评审制度，层层把关，以绿城多年保障房设计经验进行专业审视，保证方案不断完善，指导后期营造高品质项目。

第二，可视化施工，坚持三个样板不能少。虽然是保障房，但工艺样板、实体样板、交付样板一个不能少。样板先行是每个项目建设的标准动作，每一个样板都力求做到完美。绿城更加注重实体工艺样板和交付样板的评审和检查验收，必须对现场施工人员和监理完成技术交底，培训合格后再大面积施工。

样板先行的做法，是将设计要求和质量标准具体化、实物化，树立施工标杆，引领后续标准化施工。工艺样板兼顾施工交底、指导功能和人员参观、体验功能，不仅对外开放，让相关人员可随时参观了解情况，也便于工人详细掌握每个结构的细节；在实体样板里，可以看到施工的全过程，并对照工艺样板一一检查工序；交付样板可以让住户提前检验交付户型的功能性，查看交付标准是否满足需求，避免后期返工等情况的发生。

第三，匠心营造，品质保障。对项目管理人员进行严格选择、培训、考试，保证他们全面掌握施工标准和技术细节。实现施工现场标准化作业，利用BIM场布模型，对临时设施的位置及交通路线进行合理优化，为现场安全文明施工、绿色施工提供有力支持。

为保障工程质量，安置房建设中采用的原材料均为知名品牌，如门窗、防火材料、消防材料等，并在合同中明确规定，不得随意变更。原材料进场前工程管理人员进行严格审查，必须严格按照国家规范，在一些隐蔽工程的关键部位进行影像资料存档。项目管理团队通过反复交底、明确标准、层层验收、实测实量、全员参与等措施和所有施工过程、建筑材料可追溯制度，将责任落实到人，将品质把控落到实处。

第四，开放工地，全程监督。在保持施工安全的前提下，工地全面开放，除了项目的自查、公司的巡查、村民监督小组的监督，还邀请第三方通过"飞行检测"的方式来评估品质，定期组织全国范围的"工地开放日"活动，将项目工地开放，接受社会各界检验，客户、业主、同行都能够亲历并见证保障房的营造细节。值得一提的是，几乎每一个保障房项目的营造过程中都少不了村民监督小组的身影，老百姓亲眼看着自己的房子一天天造起来，根本不用担心偷工减料、质量不好，纷纷期待能早日入住。

网红安置房、保障房"豪宅"背后的秘诀，是绿城对品质营造的坚持和对市场需求的敬畏。通过这样的精细管理和营造，一大批既具颜值又有品质的绿城保障房走红网络，如杭州海潮雅园、杭州萧山潮上云临南苑、丽水缙云西桥世家、金华金都美地、义乌佛堂蟠龙花园等，这些保障房项目一经交付就刷新了人们的认知，超出政府和业主的预期，无论品质还是颜值都不输商品房。

图 4-4　杭州海潮雅园

图 4-5　义乌佛堂蟠龙花园保障房

图 4-6　杭州萧山潮上云临南苑

2013年,在参与保障房建设8年后,绿城开始进入二代保障房建设阶段。绿城二代保障房从四个方面进行升级和优化:成本管控更严格,户型设计更优化,外立面设计更简明,景观设计更人性化。对于绿城二代保障房产品而言,前期大量的调研工作成为标准动作——倾听用户心声,积极改进和优化,都是为了给业主提供更加舒适的居住体验。

2016年,绿城乐居作为绿城管理集团子公司,整合并统一管理绿城政府代建业务。在绿城轻资产业务板块上,起步最早、规模占比超过1/3的政府代建业务作为最重要的一块拼图融合进来。

杭州市公开的招标信息统计显示:绿城乐居承接保障房面积,在杭州市公开招标采用代建形式建设保障房面积占比逐年上升。2016年以前杭州市场占比约为50%,2017年中的占比为70%,2018年占比为60%,2019年占比达76%。截至2019年12月底,绿城受托代建保障房和公共建筑项目总建筑面积超过5000万平方米,累计交付面积超过2000万平方米,已经为超过14.4万户原住民改善了居住环境,其规模和体量在杭州市和浙江省均排名第一。

第四节 为什么只有绿城

经过15年的发展,绿城管理的政府代建板块已经形成了一套成熟的保障房全过程代建开发模式,绿城几乎将每一个保障房项目都打造成当地标杆,收获了行业、百姓、媒体三方好评,得到了各地政府的认可。

在2016年中央提出"房住不炒"之前的房地产黄金时代里,政府保障房业务仅仅3%的代建费用,让大多数品牌房企都看不上。在宏观调控和自投板块受限之时,他们才会稍稍重视保障房业务,一旦市场向好,立即掉头,开足马力抢占市场规模去了。

一些房企即便偶尔接到政府要求,承接了个别保障房项目,也不会给予高度重视,常常将其看作无关紧要的业务补充。其项目管理团队成员在企业内部多数属于"候补人员",加之项目成本受到约束,所以品质营造满足政府最低要求即可,绝不可能有更高的追求。

对于绿城而言,保障房业务利润率虽不高,却不占用巨额资金,业务来源也很稳定,在既定成本约束下进行精细管理和品质营造,恰恰是绿城团队愿意并且擅长的。于是,在绿城内部,保障房业务得到重视和支持,并作为商品房业务的补充,短期内形成"双轮驱动、轻重并举"的发展局面。

这里仍以绿城在杭州的保障房为例,代建费收入虽然不高,但非常稳定,不受市场影响,在形成规模效应时,更是一笔不可小视的数目。

同时,政府代建业务稳健增长,让绿城有时间、有空间进行人才培养体系建设，源源不断的智力资源让绿城的产品营造更加专业和规范，反过来支撑绿城的代建业务快速发展壮大。

市场行情好的时候，大开发商不屑于做保障房业务，小房企又做不了；市场行情不好的时候，稳健的保障房业务虽受到重视，但像绿城这样把它当作主营业务来打造的也并不多见。知名房企万科、滨江、龙湖、中海、保利、碧桂园等房企都或多或少参与过地方保障房建设，但无论是业务规模，还是产品口碑，都很难跟绿城抗衡。

可以说，过去15年，绿城抓住了政府代建的机会。

作为一家致力于做精品房产的开发商，绿城建造了众多高品质产品，但它同时又大力介入保障房建设，那么这两者之间会不会有矛盾？

如果绿城在商品房和保障房两条业务线上采用两种标准、两套做法，做出良莠不齐的产品，那么在品牌认知上必然有冲突、有矛盾。事实上，绿城始终如一，坚持自己擅长的品质营造，用商品房的品质要求做保障房，一次次刷新了人们对于保障房、安置房的固有认知，超出期望，给人惊喜。

这种跨界能力，使得绿城既能营造顶级的精品豪宅，又能营造经济实用的高颜值保障房，让其产品线快速丰富起来，使绿城品质管理的能力为市场认可，这成了绿城的核心竞争力。如今，凭借绿城的品牌认知和品质营造，无论在哪一个价值维度上，绿城都可以造出最好的产品,这也是绿城能够在政府代建之外,在商业代建领域快速拓展业务版图的根本原因。

保障房因为有政府背书、持续稳定和规模化等特点,开始成了香饽饽,越来越多房企开始对其产生兴趣。绿城凭借先发优势、多年积累的经验和沉淀的品牌口碑,成为"中国最大的保障房承建商"。在市场的认可和赞誉之中,绿城正致力于形成具有普遍共识的政府代建行业标准,并且与全行业共享,造福更多居民。

党的十九大报告提出,加快建立多主体供给、多渠道保障、租购并举的住房制度,让全体人民住有所居。不管房地产行业如何波动,保障房是稳健的需求,中国每年要建设700万套保障房,改善1亿人的居住空间。所以,保障房未来的发展空间还很大。

以品质营造擅长的绿城,选择了以政府代建业务为基础,持续探索轻资产代建模式,构建起自己的商业王国。当然,在如今绿城管理代建业务版图中,政府代建只是故事的一部分,更多的可能性来自商业代建和资本代建。

第五章　商业代建启航

成功的轨迹作为一种策略路线，从一开始就应该走上正轨。

——比尔·盖茨

2012年7月,温州瑞安。

"这里是五线的城镇,一线的市场。"时任绿城·瑞安玉园项目总经理李军说。当时,他负责的绿城玉园项目位于温州瑞安塘下镇前庄村,虽然房地产形势不好,但他还是在当地搞出了些名堂。①

这是绿城的第一个商业代建项目,在项目现场,工作人员会告诉客户:"玉园的对标项目是绿城在杭州的西溪诚园,但价格不到其一半。"

"钱和地是委托方的,其他都是绿城在管理。"李军这样解释绿城的商业代建模式。塘下项目的出资方由当地多名资金雄厚的股东组成,他们投了这块地之后,慕名请到绿城代建。产品的开发设计只需要复制绿城二代高层公寓的成功模板,甚至连案名都是可复制的,绿城玉园这个名字也被用到了塘下这个项目上。

玉园项目最初的宣传语叫"厚德载物,温润玉园",当地人根本听不懂,无法体会其中深意,推广了一年多,始终打不开局面。李军他们想来想去,决定改用一个更接地气的宣传语——"塘

---

① 房产大鳄杀进浙江小城镇—地产业迎来黄金十年?[N].都市快报,2013-03-22.

下·中国名盘",局面一下子被打开了。

事实证明,尽管绿城品牌响当当,但是在这个五线城镇的细分市场里,只有接地气的营销才有效果。2012年,这个"塘下·中国名盘"首开取得了7.6亿元的销售额,成为瑞安年度单盘销售冠军。

李军其实是个"老绿城"了。2002年,年轻的他受到绿城理想主义情怀的感召,果断加入绿城。他先是在质量管理部推动标准化管控,后来组建了绿城最早的运营管理部,负责计划及运营管理。直到2010年4月1日,李军接手瑞安玉园代建项目,开始代建项目实践。

2010年是温州房市的历史高点,随后遭遇宏观调控,形势急转直下,到2014年,房价跌去小半。在这样的形势下,瑞安玉园每次开盘价格都比前面的要便宜,已购房的业主虽未拉横幅抗议,但投诉抱怨却是常事,李军遭遇到的困难和压力可想而知。情况最严峻的一次是2013年1月,临近年关,由于项目资金紧张,工地的一些民工没有领到工资,回不了家,就聚集在项目办公室外讨薪。为避免事态恶化,项目管理方主动报警,李军和几个同事都被带到派出所,在警员的组织下,跟股东方、施工方和民工代表一起开协调会,解决施工方拖欠民工工资的问题,最后是绿城借款垫付了部分费用,事情才得到解决。

项目建设过程中虽然经历了各种挑战,结果却是不错的。2014年,瑞安玉园胜利交付,也成为远近闻名的高端楼盘。项目的利益相关方都有所收获——股东们把钱投进来,客观上被锁定,免遭温州历史上一次很大的金融风波,最终通过项目成功变现;项目按照绿城标准营造成了当地的高端盘，楼盘价格保持坚挺，业主们也都很开心；所有参建方都如期拿到了相应款项；绿城则获得了代建费收入，也通过此项目完成了一次商业代建的模式演练。从结果看，在这个项目里面，利益相关方取得多赢局面是很难得的，这也促使绿城决策层对商业代建模式开始进行深入思考。

2015年，由于在瑞安玉园中的出色表现，李军被任命为总经理，负责组建绿城管理集团，全面进行绿城轻资产开发服务业务的整合、探索和升级。

不同于政府代建，商业代建面临更复杂的需求和更广阔的市场。绿城管理之所以能够成长为行业领导者，也得益于对商业代建理念的深入思考和卓有成效的项目实践。如果说政府代建业务帮助"代建王国"完成了早期的商业模式探索和原始积累，那么如何在这片土地上构建起"代建王国"，它所赖以生存的城市组织方式，以及"神庙""城墙""护城河""学校""宫殿"等，都是绿城管理在商业代建中开拓创新、持续迭代形成的。

房地产开发全产业链服务

拿地阶段	产品设计	工程营造	营销推广	交付介入	物业使用
市场调研	规划报批	计划管理	策略指导	客户监理	配套先行
成本预设	目标成本	节点评审	产品定位	一房多验	品质物业
经营测算	限额设计	精细营造	团队管理	物业前置	园区服务
投资论证	全景计划	供方管理	客户管理	实测实量	后期维保
框架计划	前置施工	考核评估	服务管理	政府验收	资产管理

图 5-1　绿城管理房地产开发全产业链服务

第一节　借鉴欧美模式

中国房地产发展增量红利趋于结束，存量经济时代里拥有更多结构性的机会，行业品牌面临新一轮洗牌，全国性的大品牌会持续兼并整合、做大做强，而中小型、地方型房企面临选择，代建模式或许是最好的出路之一。

房地产代建业务模式源自欧美模式。欧美房地产市场有三个特点：一是投资与开发分离，这或许是政府从政策层面的考量；二是所有权与经营权分离，房企委托代建业务就是这两者的分离，这也是最符合现代企业的做法；三是低杠杆与高质量结合，这是欧美国家的商业共识，也是国内未来的发展趋势。

美国房地产行业包括三个子行业：住宅建筑（Home Building）、房地产管理和开发（Real Estate Management &Development）、房地产信托投资基金（REITs），分别代表房地产行业的三种业态——开发、运营和服务。住宅建筑商（Home Builder）以土地获取、住宅设计、工程施工、销售及售后服务为主业，"三巨头"是莱纳（Lennar）、霍顿（D.R. Horton）和帕尔迪（Pulte Group），2019年5月底，三者市值分别为308亿、164亿、89亿美元。[①]

[①] 夏磊.中国房企未来发展之路：美国专业化金融化模式经验［N］.恒大研究院，2019-06.

美国住宅建筑商推崇沃尔玛模式，通过标准化采购降低成本，标准化建设缩短项目周期，实现高周转。霍顿通过物料统一招标采购，每套房屋平均可节约 3500 美元；项目从预售到交房平均为 2~6 个月，2018 年总资产周转次数为 1.2 次，为其他经济体房企的 3~10 倍。

美国的综合型房企铁狮门（Tishman Speyer），擅长开发与管理密切结合。自 1978 年成立以来，铁狮门收购、开发、管理的物业总值达到 681 亿美元，在全球各大都市管理着 362 个项目的商业物业组合及 9200 万平方英尺的住宅单元。其自有资金的投入在 10% 左右，就可以撬动一个房地产项目。铁狮门旗下的标志性建筑包括美国纽约的洛克菲勒中心、克莱斯勒中心、芝加哥富兰克林中心，德国柏林的索尼中心以及大都会保险大厦、赫斯特大厦，巴西的圣保罗北方大厦、里约热内卢温图拉双塔，等等。

作为轻资产运营的典型，凯德集团是新加坡最具代表性的房企。以 2002 年为转折点，其发展经历了两个阶段：第一阶段即 2002 年之前，重资产运营，角色为开发商。公司成立初期，从事房地产开发及投资业务，债务沉重，利润不佳。第二阶段即 2002 年之后，轻资产转型，角色晋级基金管理人。公司轻资产转型主要通过 REITs 实现，凯德先后发行 5 只公募 REITs，并开启大规模物业收购。2002 年至今，凯德资产规模增长 3 倍，净负债率下降 56%。

轻资产扩张是新加坡房企的主要特点，双基金模式是凯德轻资产扩张的关键，通过私募基金孵化早期项目，成熟后向REITs注入，形成"从进到退"的全周期投资物业成长通道，实现低杠杆稳健增长。这样，凯德可以赚三份钱——配资费用基金管理费用和运营服务费，净利润在30%左右，相当厉害。

中国房地产行业如何借鉴欧美模式走上专业化和金融化方向，任重而道远。尽管多数房企还是以开发为主导，但在万亿存量市场面前，更多人看到了未来的方向。

近年来，许多标杆地产开发商都已铺路轻资产，包括万科、绿城、保利、金地、亿达、远洋、泛海、沿海、朗诗、建业、龙湖、世茂、星河等在内的企业都相继提出了轻资产战略转型，一些企业开始了代建业务的积极探索和实践。

中国20家知名房地产代建企业呈现五大特征：一是规模化或特色化。已经上规模的房企或者有独特品质的房企从事代建业务的居多，体现出品牌的知名度和差异化。二是经济圈聚集。几乎所有代建房企都处于长三角、珠三角经济圈，发达的市场经济让契约精神和专业分工成为需要。三是补充收入。代建业务是主营业务的补充，增加企业整体规模和营收。四是多模式并行。政府代建、商业代建和资本代建多模式并行。五是业务仍以住宅为主，商业体、公共设施等为补充，但占比不大。①

---

① 李军.轻资产发展之道［Z］.2019-06.

大家都在说"要做轻资产",但其实轻资产不是想做就能做的。

第二节　品质营造能力

品质是绿城承接代建业务的金字招牌,慕名而来寻求合作的,不仅有地方政府,还有小型房企、投资人、金融机构等,寻求合作的商业代建项目,不仅有位于三、四线城市的,还有位于一、二线城市的。市场在升级,消费也在升级,商业代建项目开始在主流市场上参与更加激烈的竞争。

花木绿城锦绣兰庭(简称锦绣兰庭)是绿城在上海代建的第一个项目。商业代建模式能够在上海这样具有标杆意义的一线城市成功运作,具有特别的示范意义。这个项目是一公里之外的上海绿城带来的,更准确地说,是绿城进入上海的作品受到客户追捧,引发浦东的"绿城现象"所带来的。

上海绿城位于浦东新区陆家嘴金融贸易区,是绿城进入上海的首个作品。园区占地面积约18万平方米,总建筑面积约46万平方米,由10~30层的小高层和高层构成,建筑风格典雅大气,造型细腻而富有变化,空间形态错落有致、气度非凡。2011年,开盘销售仅一个月，去化率即达到80%以上，三期房源均受到追捧。

上海花木房地产开发经营公司（简称花木房产）在2004年通过招拍挂方式取得花木镇9街坊地块，该地块位于浦东新区浦建路与樱花路交汇之处，融居住、商业、商务为一体，地理位置极好。花木房产具有二级房地产开发资质，过去主要开发项目为拆迁安置房，也曾开发建设了海桐苑、锦绣前程阳光苑等商品房项目，取得了不错的经济效益和社会效益。

花木房产考虑到市中心可开发的土地少之又少，该地块就显得更加弥足珍贵，所以没有轻易动手，虽然早就获得该项目地块，却一直没有特别满意的开发思路。直到看到了绿城对高端楼盘的打造能力与操盘手法，非常认同绿城特有的人文理念，花木房产想委托绿城进行代建，开发出符合上海格调的高端住宅项目；绿城也有意通过商业代建在上海快速落子，打开局面。2011年底，绿城在上海的第一个商业代建项目就此落地。

双方的合作模式是，委托方花木房产拥有土地和资金，由绿城派出的团队进行花木项目全方位、全过程的房地产开发管理，该项目可以借用绿城的品牌，同时依托于绿城所有的优质供应方和设计资源，对产品进行整体规划和营造，绿城在项目管理过程中收取一定的管理费。

锦绣兰庭最终定位为绿城二代高层回归上海市中心的代表之作。在设计环节，绿城并未生搬硬套，而是有针对性地做了大量市场研究，准确把握了产品定位，走差异化路线。在户型配比方面，摒弃全面大户型的思路，推出了涵盖100~190平方米、2~4房中等改善型的楼盘，配备高品质的精装修，满足年轻群体的置业需求。在建筑风格方面，承袭了新古典主义建筑风格、三段式独特型制，立面干挂石材与深蓝灰色玻璃交相辉映。在园林景观方面，采用现代法式园林风格设计，并将中国二十四节气概念融入，使住宅区绿化率达到50%，风景宜人。

在室内设计方面，盛邀国际殿堂级奢装大师倾力打造，精益求精。更包含地暖系统、新风系统、中央空调系统、直饮水系统、家居可视对讲及智能安防系统六大先进科技系统，营造前所未有的智能居家生活。

在工程营造方面，绿城就更加得心应手。他们将建筑产品本身的质量与品质作为项目开发的首要目标，并制定了完备的质量监控体系，通过标准化的品质营造流程和极为严苛的细节管理，把完美品质、匠心营造落到实处。除了从项目开发内部严把质量关，锦绣兰庭还邀请了业主共同参与监督产品的开发质量，绿城也成立了业主质量监督小组，邀请业主不定期对产品品质和工程质量进行监督。

2013年底，行业趋势转向，楼市持续遇冷。当不少楼盘用"以价换量""打折""买赠"等营销手法来吸引购房者注意时，锦绣兰庭开盘在即，却坚持"实价销售、谢绝中介带看"的原则，有信心用产品本身打动目标客户。2014年3月,锦绣兰庭首次开盘,即以高于周边竞品20%的定价吸引了大量优质客户,实现日销金额高达20亿元的佳绩。

绿城通过其匠心营造与强大的品牌号召力,成功为锦绣兰庭创造了更高的市场溢价。在2014年楼市疲软的上海,锦绣兰庭的销售价格却从每平方米4.8万元一路走高,2015年10月,第三期开盘即宣告售罄,最终整体销售均价在每平方米5.8万元。

锦绣兰庭总销售额57.4亿元,绿城获得4.45亿元代建管理费。这个项目的成功,打开了商业代建完全不同于政府代建的全新思路——一起把蛋糕做大,实现代建方与委托方的利润共享,获得双赢的结果。

自2010年9月开始,在3年多的时间里,绿城代建的商业模式得到行业内的极大认同,业务呈高速成长态势。截至2013年12月31日,绿城已签约商业代建项目近80个,总占地面积1000多万平方米,典型案例包括绿城上海兰园、绿城富春玫瑰园、绿城嘉兴悦庄等。

第三节 轻资产与重管理

商业代建依据项目销售总额的一定比例收取管理费用(一般为

5%），与以往资金为重的传统地产模式不同，代建业务最大的成本是人力成本和管理成本，而这是一笔低投入、高产出的生意。以上海的花木绿城项目为例，该项目总计派出约40名员工驻场，最终赚得代建费2.77亿元，折合员工人均产出近700万元。

而且，绿城品牌的溢价能力也很客观，代建项目的溢价能力远高于委托方自营。相对于同地段的竞品，绿城产品溢价平均水平能达到10%~20%，绿城二手房的保值增值能力表现优异，也比竞品高20%以上，这是绿城能够持续拓展商业代建业务的底气。

绿城之所以能够成为代建这个细分领域的头部企业，成为中国房地产轻资产开发的代名词，原因就在于绿城品牌背后就是品质，绿城的特色也来自品质，它的品质基因跟代建本身的功能属性是高度一致的。

花木绿城·上海锦绣兰庭项目的经验表明，采用轻资产模式，是能够通过品牌口碑和品质营造能力来支撑的，即能够在项目营造中占据主导地位，让市场认同与认可。表面上看起来，资产"轻"了，品牌、管理和团队必然会变"重"，甚至成为"重中之重"。归纳起来，"变重"的地方主要有以下四个：

首先，在产品设计上"变重"。绿城产品在设计上独具特色，很有识别度。绿城在产品设计上从不生搬硬套、简单复制，而是不惜重金投入、优中选优，设计费用常常是行业水平的几倍甚至十几倍。要持续跟上甚至引领时代潮流，最重要的是审美能力，绿城的审美能力既来自对西方建筑文化的深度理解，也来自对中国几千年传统文化的传承与发扬。绿城的产品线很丰富，不同代际的产品在审美上也有迭代和进化。不论在哪个城市里，绿城的楼盘都有很高的识别度和美誉度。因此，在绿城代建的项目中，产品设计环节必须由绿城指定和信任的机构来完成，绿城相信只有他们才能理解自己对于品质的极致追求，做出符合绿城品牌气质的产品创意。

其次，在品质营造方面"变重"。绿城提出"取法极致，得乎其上"的口号，指出"人品即产品"，"人品多精彩，产品多精彩"等理念，实际上是把品质营造上升到一种伦理道德的层面，把品质与人品关联起来。然后，施工阶段一系列工艺技法的改进，都是远超国家标准的，这些都是别人模仿不来的。进入商业代建领域，绿城坚守品质营造和精细化管理，也能够在既定的产品定位和成本约束下，将产品品质做到最好。

再次，在经营管理上"变重"。绿城代建主要表现为体系化的协同管控，以代建特色的终端服务体系、灵活的去化策略和优质的物业服务，帮助委托方最大化实现经营成果，提升社会价值。体系化经营管理主要包括以下三个层面：一是权责清晰的分级授权管理模式；二是精细的信息化系统，包含计划、成本、营销、本体（人力资源）、财务等专业系统；三是具有代建特色的作业工具，如七大系列作业指导书（包含项目总经理指引、项目拓展管理、项目产品管理、项目运营管理、项目营销管理、项目综合管理、项目财务管理），计划管理系统，标准作业周期等。还有系统化的、部分高于同行的企业标准，如成本控制系统、品质红线标准等。

这其中，严密而科学的考核流程，让所有工作都能与规划设计思路高度匹配，不至于变形走样。这种在代建业务实践中锤炼出来的精细化管理和专业化运营能力，恰恰成了绿城管理的核心能力之一。

最后，对资源整合能力要求"变重"。目前，绿城管理已经整合了一大批优秀的专业管理力量，包括规划设计、工程总包、幕墙、门窗、景观、精装修等1500家专业公司与合作伙伴。其中，战略级的合作名单中，有绿城体系的14家建筑设计院，58家总包合作方，26家精装修企业，以及绿城服务、绿城房屋4S等物业与房屋维修企业，这些专业环节的合作伙伴，与绿城管理一起，为代建产品的高品质提供强有力的保障。

这些"重"的能力，是绿城代建业务模式得以"轻"运作的保障。要打造这些能力，并通过科学管理去运用这些能力，需要体系化的思维，并非一朝一夕之功。绿城管理把这个战略航道总结为"轻资产、重资本、强平台"。

轻资产	以品牌输出、管理输出、资源输出为核心，建立行之有效的契约与标准管理体系，通过专业能力提升项目开发效益。
重资本	通过与各类金融机构战略协作，发挥信用背书能力，提供多元化的资本服务，解决委托方的资金需求；放大资本效应，完善服务体系。
强平台	将强大的业务流量转换为能量，孵化、提升产业链上各专业公司能力；通过整合社会优质资源，发挥专业协同作用，打造"共建、共享、共荣"的产业生态圈。

图 5-2　绿城管理战略航道

有了这些"变重"的体系作为支撑，绿城在商业代建领域打造出了代建王国的高高的"城墙"和宽宽的"护城河"，各种项目合作机会越来越多，而且大都是慕名而来。原来，轻资产运营的绿城管理是要从一家房产开发公司转型成一家服务平台公司，通过越来越丰富的管理经验和智力资源，为委托方提供品质营造的解决方案，最终实现共建共赢。

第四节　代建选择了绿城

回溯绿城在探索轻资产模式上的表现，2005 年开始的政府代建与 2010 年开始的商业代建是两个关键点，两者相辅相成、先因后果。代建业务实际上遵循的是服务逻辑，按需定制，而不是房地产行业里习以为常的开发逻辑。传统的开发逻辑要求快速开发、快速周转、不断循环，商业代建的服务逻辑则不一样，需要根据委托方不同的需求，给出定制化的方案，提供适合的、专业的服务。

2005年起，政府代建业务稳定，逐渐积累起口碑，并在品质营造上先行先试、积累经验、培养人才；5年后，条件具备，时机成熟，而凭借经验、资源和人才，以商业代建模式体系化地输出，在市场上寻求更广阔的合作空间。

首先，政府代建的保障房业务源于地方政府的信任与委托，在需求管理上比较简单明确，建成即交付，不需要营销环节，只要解决如何在硬性成本约束下，实现品质营造的最优结果；商业代建的业务委托需求就更加多元，成本约束变得与产品定位、营销、交付等环节息息相关，需要解决的是如何一起把蛋糕做大，实现品牌溢价。

其次，与政府代建不同，商业代建的委托方来自各行各业，有小型房企、国有企业，还有资本方、投资人，他们的成本约束有高有低，目标和需求也千差万别。比如，有的委托方是国企，他们觉得慢一点不要紧，关键是稳健、安全、不犯错，样板房、样板区打造得好一点，外观形象设计得好一点，方便领导随时参观和了解；有的委托方是小型房企，他们会先让绿城做一两个，让自己的团队跟着学，待学到家了，剩下的项目就自己做；还有的委托方仍未从高杠杆、高授信的理念和思维中解脱出来，对于成本和价格波动特别敏感，任何增加成本或降低价格都让他们无比紧张，在专心营造过程中，还增加了许多不必要的沟通成本。这样多样化的需求和多元化的业务类型，让绿城管理团队有机会站在行业的高度上，全面思考商业代建的核心逻辑，快速积累经验，并进行商业理念迭代。

最后，代建业务除了管理输出之外，还会进行品牌输出。如今大多数项目都慕名而来，绿城管理在接受代建项目的过程中也会做一些筛选，优先选择那些价值观一致、营造理念匹配的委托方。品牌是绿城代建业务的生命线，那些有可能对品牌带来伤害的业务坚决不碰，甚至在项目签约已经执行的阶段，若与委托方在价值观和品质营造方面存在无法调和的矛盾，绿城也会主动终止合同，并妥善退出，避免事态恶化。

当然，无论是政府代建还是商业代建，抑或资本代建，虽然委托方不同、要求不同，但是绿城在产品设计、工程营造、营销推广、物业使用等方面对于品质的坚守和商业逻辑都是一样的。

与其说绿城选择了代建，不如说代建选择了绿城。适合开展代建业务的，一定是专业化、规范化，并且善于和乐于进行品质营造的公司。经过在政府代建领域多年的思考，绿城对于代建模式的探索，既吸取了欧美专业化、金融化模式的经验，又结合了中国宏观经济形势与政策环境，几乎以一己之力推动了中国房地产代建行业的发展。目前，绿城代建项目签约面积占行业总量的近40%，签约代建管理费占行业总量的1/3，是当之无愧的行业老大。

如今,绿城管理的代建方法论体系已经迭代升级到4.0阶段,内涵几乎发生了根本性变化——代建1.0主要为政府代建,重在品质管控,关注的是产品质量;代建2.0是商业代建,重在标准化管控,为全案开发管理;代建3.0为资本代建,重在引入资本市场力量,推行小股操盘模式;代建4.0为柔性代建,重在构建平台、按需定制、共创价值、共享利益。代建4.0体系是绿城代建王国中最为核心的城市组织方式,是这个王国之所以存在和发展的商业逻辑。

当然,这样从代建1.0到代建4.0的总结未必具有普遍性,更多的是绿城管理针对代建这个商业模式的理解。任何事物的发展都有一个由浅入深的过程,我们不能苛求它现在就变成一个放之四海而皆准的真理。但这至少表明,绿城管理在代建业务模式上的思考和实践,已经整体迭代和升级过多次,对管理理念和商业逻辑的理解已经远远领先于同行。

同时,绿城管理已经实现了平台化运作,与政府、房地产企业以及金融企业等的接触不断加深,未来将聚集大量政府、媒体以及金融资源,在市场向好时,为委托方高速发展提供动力;在市场遇冷时,为委托方提供强大信用支持。

中国房地产行业已经进入新常态,专业化、金融化是必由之路,投资与开发分离是国际主流趋势,绿城以品质营造为特色,切入商业代建业务领域,符合行业发展趋势。正是绿城的品质营造树立起来的口碑，让代建业务这种商业模式可以按照市场规律可持续运作，并逐步发展壮大起来。

代建业务是万亿级规模的蓝海市场，中国代建行业进入加速轨道，参与代建的企业数量增加，优胜劣汰加剧。以绿城为首的代建企业是房地产行业轻资产之路的开拓者和试验者，面临着体系化、专业化与金融化的考验，风险与机遇并存，他们中有的会铩羽而归，被时代淘汰，有的会成为未来的房企巨头。

第六章 纯正的品质基因

对产品质量来说,不是100分就是0分。

——松下幸之助

1560年,瑞士钟表匠塔·布克在游览金字塔时做出了一个石破天惊的推断:"金字塔的建造者,绝不会是奴隶,而只能是一批欢快的自由人。"[1] 在很长的一段时间里,布克的这个推断都被当作一个笑话。然而,在400年后,这个推断却被一项重要的考古发现所证实。

　　塔·布克原本是法国的一名天主教徒,1536年,因反对罗马教廷的刻板教规锒铛入狱。由于他是一位钟表匠,囚禁期间,被安排制作钟表。在那个失去自由的地方,布克发现无论狱方采取何种高压手段,自己都无法制造出日误差低于1/10秒的钟表;而在入狱之前,在自家的小作坊里,布克能轻松制造出误差低于1/100秒的钟表。为什么会出现这种情况呢?布克苦苦思索。

　　起先,布克以为是制造钟表的环境太差了。于是他越狱逃跑,又过上了自由的生活。在更糟糕的环境里,布克制造钟表的水准竟然奇迹般地恢复了。此时,布克才发现,真正影响钟表精准度的不是环境,而是制作钟表时的心情。

---

[1] 刘燕敏.平和的心是金[J].读者,2005(16).

他之所以能得出金字塔的建设者是自由人的结论，就是基于他对钟表制作的认识。埃及国家博物馆馆长多玛斯在塔·布克的史料中发现了这么两段话："一个钟表匠在不满和愤懑中，要想圆满地完成制作钟表的 1200 道工序，是不可能的"；"在对抗和憎恨中，要精确地磨锉出一块钟表所需要的 254 个零件，更是比登天还难"。

日本寿司第一人小野二郎 50 年只做一件事，他说："一旦你决定好职业，你必须全心投入工作之中，你必须爱自己的工作，千万不要有怨言，你必须穷尽一生磨炼技能，这就是成功的秘诀，也是让人家敬重的关键！"

在绿城，类似塔·布克与小野二郎的建筑匠人比比皆是。

在工地安装岗位上坚守 26 年的李国民就是一位建筑匠人。26 年来，他先后经历了金桂花园、丹桂花园、九溪玫瑰园、绿园、桂花城、丁香公寓、杨公项目等 15 个项目，兢兢业业，勤勤恳恳，以一个追求真诚、善意、精致、完美的土木人，践行着工匠精神。①

1994 年夏天，李国民在杭州中山花园做安装管理，与绿城创始人宋卫平相识并结缘。同年 9 月，绿城邀请李国民参与杭州丹桂花园的安装管理工作。"我记得当时公司就 13 个人，工程部有 3 个人，大家的关系像兄弟一样，这种氛围很好，我就想，在这样的氛围中一直工作下去也不错。"没想到，这一做就是 26 年。

---

① 专访绿城李国民：搞工程，质量必须是第一位的 [Z].新浪乐居财经，2019-11.

绿城人有着共同的身份认同，流淌在他们身上的血液会有同样一种基因。从李国民身上，我们能感受到纯正的绿城基因的传承与坚守，千千万万的绿城人对于品质的高要求，几乎是发自内心、深入骨髓的。

放眼整个房地产开发界，用匠心营造优质房产品的，显然不止绿城一家。为什么只有绿城一马当先，成为代建行业的先行者呢？难道仅仅是绿城在战略上的超前布局吗？超前布局只是答案的一个方面，答案的另一方面隐藏在一个极不起眼的细节之中，即建立在品质之上的房产品营造全程标准化。

第一节 "绿城人"的身份认同

李国民经历了公司创业之初的艰辛，享受过辉煌，也遭遇过困难时刻，但他一直坚持，从未动摇。他说："工程人很实在，不会将报酬作为第一考虑因素，有我们这些支持公司的员工，还有我们非常信任的宋总，这就够了，我就是有这样的信念。"绿城人说："老李是和绿城同时代成长起来的，他就像我们绿城的缩影。"

26年来，不论身处哪个项目，李国民的上班时间都非常固定。

他给自己规定的上班时间是 7:10—7:40，早上一上班先到现场转一圈，检查并梳理好问题，8:30 将问题告知土建人员和施工人员，以便他们开展工作。

2001 年春节前，李国民进入杭州绿园，这个项目实行 24 小时值班制。一天凌晨两点，他去检查钻孔桩，不小心掉到了井里，浑身上下沾满了水泥。他直接用凉水冲掉水泥，在冬夜里穿着湿漉漉的衣服一直坚持到早上 8 点交班。在安装验收过程中，他亲自为施工单位做指导，并跟他们说："你们活干得好，以后少出现问题，也就会赔得少。"杭州绿园项目交付后的 5 年保修期内，仅出现一次因业主装修引起的热水管道破裂事件。

李国民感慨："公司的人才越来越多，素质也越来越好。年轻人正是学技术的时候，只要认真仔细地干活，没有干不好的。我还有 10 多年退休，肯定就跟着绿城一直走下去了，等我退休后，我要写本书叫《风风雨雨》，把这么多年在绿城的工作经历写下来。"

年轻一辈的绿城人都喊李国民"老干部"，这饱含着对李国民的尊敬和佩服。对年轻一辈，李国民想多说几句：

"一是上班早点到公司。早一些，不会堵车，而且能保持头脑清醒，可以先到工地检查一圈，这样能及时发现问题。

二是多看图纸和规范标准。图纸上 70% 的内容我都能记住，绿园至今已经十年了，图纸还清晰地印在我的脑子里。有些项目即使不是我负责现场安装，但因为熟悉图纸，一到现场我就知道该怎么维修。

三是做工程要勤快。脚要勤，要多走；眼要勤，要多看；嘴要勤，该说就说，看到问题就说；脑要勤，要多思考。

四是分工不分家。各条专业线要团结，土建、安装、景观人员虽有分工，但相互之间看到问题都要及时提出并讨论，要将问题解决在前期工程施工阶段。

五是要细心，要警钟长鸣。在现场必须注意安全，'一停二看三通过'，上看有无高空落物，下看有无铁钉等，戴安全帽必须扣好带子。"

若要找出一个最能表现绿城特征的标签，那一定与品质有关。从绿城中国的核心价值观"真诚、善意、精致、完美"，到绿城管理的"品质、信任、效益、分享"，其中不变的是对品质始终如一的坚守。

从某种意义上来说，绿城管理在营造上所做的每一件事都与品质有关——通过整合专业力量，组建规划设计、景观、装饰、建安、成本等多条专业线，统筹多家甲级设计院和国内外优秀专业公司，依托强大的品质把控与专业资源整合能力，确保全过程开发实现品质目标。从专业流程来看，绿城管理房产品品质的实现在以下两个环节表现得尤为重要且突出：一是设计环节，二是营造环节。在这两个环节中，有三种核心能力贯穿其中，即卓越的设计能力、优秀的工程能力和出色的资源整合能力。

绿城人是王国里每个人所引以为傲的标签，恰恰是无数个李国民这样的绿城人成为创造代建4.0王国的重要力量。源自绿城的品质基因和理想情怀，就像是王国里每个人身上流淌着的血液一样，是王国的凝聚力，更是王国存在的基础。

第二节 一切都跟设计有关

20世纪70年代，日本著名工程管理专家田口玄一博士在20多年反复摸索与实践的基础上，提出了一套理念超前、独具一格的品质管理理论，业界称之为"田口质量理论"。田口玄一认为，产品质量首先是被设计出来的，其次才是被制造出来的。因此，质量控制的重点应从制造阶段提前到设计阶段。不仅如此，田口玄一还进一步提出了"三次设计理论"，指出要在产品设计阶段就进行质量控制，力图用最低的制造成本生产出满足顾客要求的、对社会造成损失最小的产品。与传统的产品设计概念不同，田口玄一将产品的设计过程分成三个阶段，即系统设计、参数设计和容差设计，从设计上控制输出质量特性值的波动，以提高产品固有质量水平。田口玄一的理论在日本的工程实践领域得到了广泛应用。在日本的建筑行业甚至形成了一种观念：在图形阶段就解决70%~80%的产品问题。

一般而言，规划建筑设计作为各地产公司管控的重点和难点，决定了成本、品质、溢价及开发周期，在项目品质打造过程中具有一锤定音的地位和作用。近年来，人们对于房产品品质的要求不断提高，由设计质量引发的客诉数量也日益增加。绿城管理作为中国代建行业的龙头企业，对项目的设计质量、设计进度及设计服务均提出了极高的要求。绿城管理集团倡导的是"设计质量，人人有责"。虽然设计质量主要取决于设计人员和管理人员的专业水平，但只有设计与营销、工程、成本等条线紧密合作、相互协同，在开发过程中重前端、重图纸、重现场，才能创造出高品质的房产品。

绿城管理在设计环节有什么特色和过人之处呢？概括起来，有以下三个方面：

第一，高度重视项目设计方案评审。

这几乎可以说是绿城管理在设计管理方面最重要的特色。郭牧是绿城管理集团产品研发中心总经理，在他看来，集团层面所做的设计管理工作，最重要的职能就是对于项目方案的把控。[1] 从精力分配来看，设计管理条线60%的精力花在方案评审上，20%的精力花在督导巡查上，10%的精力花在产品研发创新上，剩下的

---

[1] 郭牧.绿城的产品设计理念［Z］.2019-08.

10%花在人才培养上。由此可见,绿城管理对于方案评审的重视程度。

项目评审在绿城体系具有悠久的传统。在绿城创始之初,宋卫平就高度重视这一环节,亲自参加所有方案评审会。绿城管理执行总经理林三九也一样,雷打不动地参与所有项目方案的评审。在绿城管理,这一良好的传统被完整地延续下来,一脉相承。

在方案评审过程中,值得一提的有两点:一是评审过程需要把握的四项基本原则。在绿城管理构建整个代建4.0体系的过程中,"安全、功能、美观、成本"这四大核心价值被提了出来,这也是对绿城原有价值体系的进一步升华,尤其是将成本纳入其中,体现了追求客户价值最大化和追求整体价值平衡的理念。二是注重标准建设,形成了一系列管控制度与标准,这是设计管控的基础。比如,在绿城管理制定的230多项标准中,与设计管理相关的就有45项之多。

第二,构建了一个职权明晰、配合紧密的设计管理体系。

对于设计品质的管控体系,绿城管理构建了一个三级设计管理体系,不同层级各有分工,职责明晰,互不交叉,而且相互补充。在这个体系中:

第一层级是集团总部层面的产品研发中心,其主要职责是制定标准规范,进行决策。具体来说,总部层面的主要职责是制定集团产品线管理及质量、工艺标准,技术图纸审核审批,提供工程现场及报批的技术支持工作，组织专业技术培训，协调各方开展工作。

在总部设立产品研发中心的做法，突出地体现了绿城对于房产品营造的深刻理解与专业积累。产品研发中心负责整个营造过程中工程管理、设计管理、景观管理、精装修管理、成本管理五个管理模块。这五大管理模块（条线），刚好涵盖了房产品在营造过程中会遇到的所有专业内容，从而达到一站式统筹、专业化管理的目标，更大限度地确保不同专业领域之间的顺畅配合。

第二层级是区域公司/城市公司/平台公司设计部，其主要职责是制定平台差异性技术标准，参与项目设计管理工作，负责报建图、施工图阶段的设计管理及现场支持，督促项目公司落实集团的制度协助检查。

第三层级就是项目公司的设计人员，其主要职责是执行。项目公司负责落实集团管理标准、制度，负责项目技术图纸自查工作，指导并监督施工单位落实产品品质要求与目标。

在设计管理方面，集团总部负责其中21个节点的把控，而项目公司总负责全部34个关键节点的落地实施，区域公司/城市公司/平台公司的职责是上传下达、督促落实。具体而言，项目公司的设计管理人员直面一线设计管控任务，这其中包括全程跟设计院进行沟通，做全程的技术管理，同时还要配合各个专业部门，比如配合前期做报批，配合终端工程去巡查现场，配合市场进行各种后期营销等。

在设计管理方面,绿城管理通过一、二、三层级管理架构有效地实现了设计品质的保证。

第三,持续积累与优化产品体系。

2019年,绿城中国发布了新一版绿城产品谱系,共有8大产品系列22个产品品类22个产品风格,构成了一个$8 \times 22 \times 22$的庞大绿城产品谱系。这一谱系将绿城成立26年以来,所有已经完成及在造的项目纳入其中,每一个楼盘都可以找到对应的落位点。

8大产品系列包括居住物业、商用物业、城市综合体、公用物业、保障物业、理想小镇、运动系列以及TOD系列;22个产品品类涵盖别墅、合院、排屋、平层、叠墅、第一代高层、第二代高层、YOUNG系列高层等8种住宅建筑品类,以及商业、酒店、办公、教育、文化、医疗等14种公共建筑品类;22种产品风格包括桂花式、英式、意式、法式、中式、绿园式、丽园式、诚园式、柳岸式、潮鸣式、桂语式和雲庐式等。

绿城管理在产品设计上有着十分清晰的风格传承。这种传承突出地体现在共同成长起来的18家设计院的设计上。这里面,既有绿城体系内部的设计院,也有长期合作的设计院,这些设计院对绿城的产品谱系十分熟悉,身上带着非常明显的绿城的血缘关系和风格烙印,因此在开展产品设计工作时非常便于沟通,大大提高了效率,同时能够最大限度地确保工作质量。

第三节　从用户出发的理念

绿城体系对于房产品的营造，其实质是为用户营造一种美好生活的现实载体。房产品本身应当能够满足人们对于美好生活的全部想象与现实需要。这种对于品质生活的提供，甚至超出了人们的预想与期望。用经济学术语来说，绿城的房产品为用户提供了极大的"消费者剩余"。

在绿城·杭州蓝庭，有一对从美国归来的业主夫妇，他们是美国明尼苏达州的大学教授。一次回国探亲，从亲戚那里得知蓝庭项目是绿城园区生活服务体系重要试点项目，非常感兴趣，经过仔细的考察，很快就成了绿城蓝庭的业主。两位老人在美国的住所就有较好的社区服务，但没见过像蓝庭园区生活服务体系这么完善周到的，因此决定退休后回国，在蓝庭安享晚年。

知道绿城的产品很好，却没想到这么好！这是很多业主看到绿城房产品的第一印象。事实上，这一切都源自从用户出发的品质理念。

不同于一般房地产开发商重点关注拿地和建设阶段，绿城管理将整个房地产开发链条细分为6个阶段30个具体服务事项，具体涵盖了拿地阶段、产品设计、工程营造、营销推广、交付介入及物业使用6个阶段，拿地阶段的服务内容包括市场调研、成本预设、经营测算、投资论证、框架设计五大方面。

其中，每一个环节都有极其明确的标准和实施要领。正是这些具体细项构成了一个内容十分丰富的专业体系。

就拿市场调研来说，对于一般房地产开发商而言，可能只是走个过场，甚至连这个程序都没有，往往是简单粗暴，根据经验拍板。然而，绿城管理是要真正了解当地市场情况、目标群体、用户需求等情况，再按需设计。

比如，在某个政府代建的保障房项目中，为了更加精准地进行产品定位和设计，绿城的项目团队是这样做设计前端的市场调研的：绿城管理设计了一套涵盖方方面面的调查问卷，一共有500多个问题，调研对象即当地街道相关负责人，在与社区的书记和主任进行交流后，跟主要村民进行交流，再到当地老百姓家里进行走访，了解他们的生活习惯、风俗习惯和文化传统，还要了解居民的收入情况、教育程度、家庭结构等。

通过这样的全方位调研，真正了解当地老百姓的需求，再进行有针对性的户型设计。有些老百姓提出家里必须要有圆桌，那么，绿城管理在后续的户型设计中，就要充分考虑圆桌尺寸要求等；有些老百姓希望有交流聚会场所，老年人们要有晒太阳的场所，绿城管理就会为他们量身定做这样的场所；有些人喜欢唱戏、听戏，绿城管理还要考虑建造一个戏台等。绿城管理在前期会针对类似问题进行深入梳理、调研和分析，以了解当地的人文历史，再据此进行准确的产品定位和设计。

第四节 优秀是一连串的事

2015年,绿城中式小院犹如一缕春风,从江南情怀与时光记忆中款款而来,浸润了无数人的心田,惊艳了大江南北。传承、创新、提升,让中式小院慢慢从梦里走进更多人的生活。海口的桃李春风项目,在某种程度上,代表着一种难以简单复制的现象级品质营造之路。

绿城管理代建的海口桃李春风项目原为裕泰龙湖湾项目,2013年,海口裕泰投资有限公司(简称裕泰投资)开发了项目的一期,修建了41套东南亚风格的别墅,共计5万多平方米。2014年正式开盘,但因市场遇冷,加上自身缺乏品牌知名度和市场影响力,以低于成本价销售,仍然去化困难,项目经营陷入困境。为脱离困境,投资方将目光转向了合作开发。裕泰投资一直在寻找其他开发商合作,在全国范围内参观考察,反复权衡比较,始终未找到满意的合作商,直到遇到绿城管理。

裕泰投资实地参观之后一致认为只有绿城才配得上这样的项目,当即决定与绿城管理合作开发。

项目地块位于海口市琼山区云龙镇云岭管理区薛村,总占地约1100亩,建筑面积约20万平方米,容积率仅0.38,地理位置优越,绿植茂盛,空气清新,地块内有泉眼和富含硒的红土,是稀缺的健康生活地块。项目处于市郊，距海口市中心仅 19.2 公里，周边项目有观澜湖、鸿洲·江山、中信台江国际等楼盘，2016 年公寓整体销售价格在 1.2 万~1.5 万元 / 平方米。

2016 年，裕泰投资与绿城进行合作，从项目设计到样板房亮相，塑造了业界难得一见的"桃李春风"现象——在样板间开放的 50 天里，共接待超过 1 万人次，成为客户到访海口的必选景点，也是政府指定接待点之一，省市领导多次莅临指导。该项目未开即罄，一房难求，刷新了海口别墅最快售罄纪录；且溢价率超高，产品单价是周边竞品的 2 倍。

图 6-1　绿城·海口桃李春风

图6-1(续)

那么,海口桃李春风这一现象级的产品是如何打造出来的?绿城管理到底做对了什么?这其中既有绿城丰富的产品营造经验,更有因地制宜的持续创新,还有细节考究的贴心服务。更重要的是,这一项目充分体现了绿城管理对品质的一贯追求,以及对打造激动人心的生活的坚定信念。

第一,经典传承,匠心坚守。

在前期进行项目论证的过程中,海口桃李春风项目组充分梳理了绿城旗下的六大产品和四大名著,从"读懂天时""明晰地利""重造人和"三个维度对项目的优势与不足进行深入分析,经过反思考和匹配试验之后,最终选择了小镇方向,取名"桃李春风",独创中式小独栋的产品方向。在桃李春风样板区的设计中，绿城管理整合了国内最会造中式庭院的数个设计团队，联袂进行设计。团队里的核心成员均是设计过杭州十里风荷、江南里、舟山朱家尖东沙度假村等作品的行家里手。

四方飞檐，青砖石板，花木篱墙，明月影壁。一方恬静惬意的小院，一条蜿蜒有序的石板路，已花开枝头的三角梅，在春风的轻抚下随意地摇曳着。中式小院子，让那些于高楼间无处安放的土地情结，在小小的院子里回了家。

一砖一瓦皆是江南风雅。为了保证桃李春风一贯的江南风雅与中式情怀，海口中式小院建筑外观的用料用材，均源自江浙地区，从屋瓦、发戗、木椽到中式门窗等产品细节，都是对中式风格原汁原味的传承。

中式小宅院方寸见精巧。传承绿城中式小院子户型精髓，通过室内外空间的融合和对室外空间的合理利用，增加门、窗的占比，呈现出更加通透、开阔的空间感，提高小户型的精细度与舒适度。

形与韵皆需传承。中式宅院不仅是青砖飞檐，也不仅是中式元素的临摹与叠加，它凝聚的是数百年中国传统文化与智慧。营造者对于前人生活记忆和传统文化的深刻认知和传承，是做出真正的中式院子的关键。

第二，五大创新，因地制宜。

绿城在营造中式产品的基础上，结合海南的自然环境、气候特征和度假人群的生活喜好，做出了一系列调整与优化，既营造出度假的感觉，又有完美的产品呈现。

创新之一：大院子，低容积，注重打造更美的院落空间。鉴于海南优美的自然环境，适度加大户外庭院空间，拓展院落的使用功能，打造全家人共同的活动空间。即使在最小的85平方米的小别墅中，也实现了入户小院、中庭、菜园、侧院和后院五重功能空间。此外，还在沿湖区域，增加沿湖产品的观景面，实现与自然环境的充分融合。

创新之二：工艺工法因地制宜，防风防雨，匠心筑家。屋面、外墙、装饰、庭院、门窗五大中式系统因地制宜，依据海口独特的气候条件，建造中式小院。例如，针对海南岛台风大、雨水多的气候特点，提出了瓦屋面抗风处理这一极具针对性的解决方案，即采用混凝土基层；叠瓦采用满座浆，牢固粘接；增加铜丝挂点，增加内在紧致性。

创新之三：对标经典案例，设计博众所长，推陈出新。通过对标中式建筑案例，整合行家里手，联袂创新设计，将众多中式项目的设计亮点与桃李春风的实际相结合，打造更适合海口的设计方案。例如，屋脊垒瓦收头回字纹改用烧制预制件；庭院灰空间内梁的组织，更加强调立体感与实用性的统筹；增加瓦面泛光照明，柔光设计，统一色调，增加夜晚的整体景观效果。

创新之四：突破传统，升级材质，用铝合金代替木作，古韵历久弥新。考虑到海南岛的气候特征，木构件侵蚀腐坏速度较内陆地区更快，首次创造性地实现全铝合金仿古构件替代中式建筑木作的先例。例如，铝合金挂落牛腿、铝合金美人靠、铝合金轩顶等，不仅让相关部件历久弥新，更大大提高了其实用价值。

创新之五：岭南邂逅苏州，园林别有洞天。在桃李春风产品系中，首次使用岭南园林与苏州园林造景方式相糅合的营造法。在园林用材上，使用广东英德市盛产的英石替换江南太湖石，呈现出更接海南地气的中式园林景观效果，让居住者能够更大限度地领略海南风情。

此外，在材料选择上，鉴于海南多台风可能会对中式建筑的木结构产生影响，所以在产品的耐久性考量上，选用钢筋混凝土结构受力，让建筑生命更加耐久；在排水系统方面，考虑到海南的降雨量比较大，对中式宅院的排水系统进行了放大；在门窗系统方面，选用铝合金型材提高抗风压能力，增加断面与壁厚；在白蚁防治方面，对屋面木结构均做了白蚁防治……这一切对于细节的极致关注，处处体现出绿城管理的匠心品质。

第三，品质提升，为生活而来——交付房子之前，先交付生活。

打动客户的是产品，但感动客户的一定是生活。在这里，居所不再是冰冷的建筑，院落外风景如诗，院墙内情浓邻睦，生活处处温情脉脉。

作为以度假、颐养为主要功能的宅院产品，相比于传统住宅，在园区配套、软性服务和生活营造上势必有着更高的要求。桃李春风在生活品质的处理上，有以下几个方面尤其值得赞赏：

一是保障业主的度假隐私。实体围墙、独门独院的设计，可以实现相邻两户互不干扰。通过加高围墙等措施，让二层户型无法看到相邻户的庭院，充分保证业主度假时的隐私。

二是丰盛的园区配套。在园区设有春风食堂、木棉西餐厅。要拥有幸福的生活，首先就要让家人的胃得到满足。羽毛球馆、乒乓球室、游泳池等多样化的运动配套设施，能够满足业主的运动健身需求，打造健康生活方式；龙湖书院、品茗室、红酒吧投入使用，能够丰富业主生活，满足其社交需求；桃李便利店能够满足客户生活购物要求；业主巴士、共享汽车、共享单车满足客户出行。

三是家人般亲切的服务。桃李家人服务体系涵盖健康医疗、文化教育、居家生活、度假生活四大体系，通过多种多样的社区活动，运营社群文化，实现业主自治。在业主还未入住之时，食、行、购、娱、健、康、商、聚、学、社、银 11 个方面的配套设施已建成大部分，并投入使用。

在绿城管理看来，对品质的追求似乎是流淌在企业机体中的血液，自然而然，却至关重要。在绿城管理对于品质的定义中，品质的内核是"认真"和追求"理想状态"，并没有复杂而高深的哲学道理，认真地追求理想状态，以结果为导向，结果莫过于此。

世间事，认真一时容易，认真一世不易。绿城管理品质管理体系值得称道之处就在于，对绿城品质基因的忠实传承，对优秀经验的不断总结，对品质标准执着的追求。

一如《绿城管理价值宣言》中写道的一样："产品即人品，人品即产品。"对产品品质的坚守，就是绿城人人品的见证。

在绿城强大的产品力的保障以及优秀的品牌口碑下，进入绿城海口桃李春风的客户无不动容。这个注定被载入海口城市化史册的经典作品，不仅让委托方裕泰投资获得收益，还让更多人认识绿城，感受到绿城带来的美好。

第七章　用"绿星标准"说话

万物的和平在于秩序的平衡,
秩序就是把平等和不平等的事物安排在各自适当的位置上。

——奥古斯丁

"对我们而言,要做到日本这种程度,可能还有很长的路要走,但这一定是趋势,我们要有这种意识去灌输、去实践,从自身做起,用时间来换取空间。"绿城管理集团执行总经理林三九作为绿城日本游学班带队导师的这番总结,令人不禁发问:日本建筑营造的工业化能力究竟到了何种水平?在房地产建筑营造领域,中日之间的差距究竟在哪里?[①]

2019年,由绿城管理集团组织发起的"绿城赋能&品质溯源之日本游学研修班",集结30多位学员,向日本实力房企——三泽地产进行多梯度考察学习。

敬业、精益、专注、创新是日本"工匠精神"的核心,在它的引领之下,日本成为世界品质建筑的朝圣地。从产品研发、工程管理、部件制造、售后服务等方面都能够体现出日本企业对产品、工艺、品质的完美追求。三泽地产是日本房地产行业的佼佼者。

三泽地产于1967年成立,全称MISAWAHOMES株式会社,是日本知名的综合性房地产开发公司。2017年,销售规模已达3885

[①] 2019年7月,绿城管理集团微信公众号文章《在令人叹服的细节中,学员们发现了什么》。

亿日元（折合245亿元人民币），员工人数1.3万人。成立50多年来，三泽地产一直处于日本开发企业第一梯队，在日本国内，因其领先的技艺水平与先进的居住理念，广受业界和客户认可。连续28年（1990—2017年）在53个项目、146个单项上获得日本G-Mank设计奖；在理念方面，运用"家是孩子成长的地方"等思想，连续28次获得日本儿童设计大奖，是日本绝无仅有的一家公司。可以说，三泽地产就是日本产业的一个缩影，体现了日本公司"以人为本"的核心宗旨。住宅只是三泽地产服务于客户的一个载体，通过这个载体，三泽地产为客户提供了最佳解决方案和最先进、最适合的住居体验。

这次活动行程十分紧凑，游学课程也相当丰富，既有到装配式建筑工厂、综合研究所、样板展示、施工现场、资源循环中心等实地考察，也有专家经验分享、探讨交流、大师作品参观等。

日本建筑业一直以高度工业化著称，以高效、专业、精细为特点的闭环式工业化生产的背后，其实有许多更深层次的精神发挥着主导作用。"如何提升产品力"一直是中国房地产行业绕不开的话题。日本在打造高品质产品的过程中，更多的是专注于如何提升研发力，以研发力促进产品力。

三泽地产给人们的启示是，一家综合性实力房企，只有保持强大的自主研发力，保证高度集成的产品能力、高效完善的生产能力，才能为持久、安全、舒适和环保的人居生活贡献力量。三泽地产每年都将销售额的5%用于产品研发，每年申请专利50项以上，累计1000多项，专利数量在日本遥遥领先，以此保持其地产科技公司的先进性。三泽地产会将最先进的科学研究成果应用到产业运作的细微之处。例如，一款特种黏结剂，能以极小黏结面起吊550千克的庞然大物，令人震撼。当然，这绝非一家企业之力，必须依托整个行业的发展以及国家政策的全面支持，才能实现先进科学研究与高效产业应用之间的有机统一。

除了超强的研发力，环保节能也是日本建筑高度工业化的重要内核。在三泽地产的资源循环利用中心，能够通过二维码精确掌握每一件垃圾废料的产出时间、地点和种类，并经统一分类后运回原厂家。他们利用高科技手段、全过程精益管理，实现垃圾的减量化和资源化，通过合理规划，从源头减少建筑垃圾的产生，实现真正的零排放。环保节能不再流于口号，而是一整套行之有效的闭环作业体系。

日本建筑业高度发达的背后，是高度的工业化、强大的研发力、知行合一的环保意识，起决定作用的是深入骨髓的"以人为本"理念。他们不仅将人本思想以大道至简的方式渗透到每一个细节中，还将其做到了极致。在施工过程中，现场整洁有序，无任何垃圾堆放，每个施工人员都一丝不苟地进行着无噪声、无粉尘、无湿作业，以此实现真正的不扰民。在产品营造上，简化人工作业，规避因为工人营造能力的差异而造成的产品品质不稳定，将建造变成制造。他们还擅于用最简洁直接的手法解决最棘手的痛点——用金属折边而成的成品窗台板、带扣件的快装门套、毫无漏水之虞的成品整体浴室……

想人所想、化繁为简、做全细节、做到极致，这才是"以人为本"理念倡导的方法论，这才是日本建筑产业高度工业化的真正奥义所在。三泽地产作为日本地产的品质教科书，其深入骨髓的匠心之道与绿城一贯追求极致完美的理想主义如出一辙。

第一节　营造经验标准化

绿城对于品质的追求是绿城房产品营造事业的根基。但是，对于绿城如何能够在代建事业上迅速发力，甩开对手，这背后的逻辑多数人未必了解。为什么这么说呢？

在很长一段时间里，房地产行业处于野蛮生长、粗放经营阶段，随着万科、龙湖、恒大等一批头部房企的崛起，这种状态才得到逐步改观。从某种意义上说，房产品品质的营造过程是科学与艺术相结合的过程。营造工艺、营造流程是可以标准化的，但是对房产品的审美却是无法标准化的，对居住在这房子里的人的人文关怀更是无法标准化的。这些肉眼看不到的东西，我们称之为"营造理念"也好，"品牌气质"或"精神文化"也罢，是需要口耳相传，甚至手把手来教的。

对于大多数房产开发商来说，把一个或几个项目做得有品质或许不难，但是把几百个项目同时做到有品质绝非易事，这是对营造、人才、管理等支撑体系的极大考验。如何应对这种考验呢？

面对这个问题，绿城也不是一开始就找到答案了，而是在26年的发展历程中，一直坚持做一件事情，最终找到了事业成功的重要基石。

这件事情就是营造的标准化。

什么是标准化？绿城的知识管理体系中是这样定义的：标准化是为了在一定范围内获得最佳秩序，对现实问题或潜在问题制定共同使用和重复使用的条款的活动。从这个定义中可以找到三个关键词：问题、重复和最佳秩序。

一是"问题"。标准化是用来解决房产品营造过程中遇到的或可能遇到的问题的。前面提到的老绿城人李国民，他每天的工作就是在处理各种各样的问题，而他处理问题的方法就是根据个人经验和既有规定提出解决方案，并把这些解决方案记录下来，再进行汇总、提炼，形成下一次遇到同类问题时的解决依据。

二是"重复"。对于房产品营造过程熟悉的人都清楚，在房产品营造过程中，工程人员在每一个项目中遇到的问题大同小异。也就是说，这些问题是不断重复出现的，是工程人员一而再、再而三地要面对的。如果针对每一个问题都能够形成最好的解决方案，那么下一次再遇到这种情况时，工程人员就可以以最佳的解决方案来解决这一问题。

三是"最佳秩序"。在正常情况下，一个房产品从开始到最终完成涉及成千上万道工序，需要成百上千的工程人员及各类人员相互配合。那么，怎么做到效率最高？营造效果最好呢？这个问题的答案，绝不是从书上推演出来的，而是结合大量的工程营造实践，不断地优化、改进，最终才能形成最好的解决方案，最优的工作流程，从而达到最好的营造效果。

绿城管理构建的这一标准体系，从表面上看，是房产品营造过程的问题解决方案，其实，这是一个难以被超越的能力体系，即一个企业难以被简单复制的竞争壁垒。

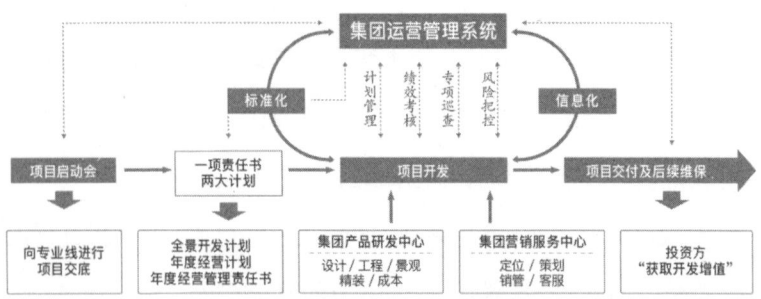

图 7-1　绿城管理集团运营管理体系

商品房的外观可以被快速复制，项目设计方案和管理手段会被抄袭，但是绿城管理这一还在不断升级和优化中的标准体系是不可复制的。也正是这种不可复制的核心能力决定了绿城管理随即提出的"绿星标准"，实现了它从企业内容范本到行业平台的精彩跨越。"绿星标准"的提出和发布，无疑成为战略升级之后，绿城管理集团标准化管控的又一重要举措。

第二节　野蛮生长与绚丽绽放

在商业界有一种广为流传的说法叫"一流企业做标准，二流企业做品牌，三流企业做产品"，足见做标准的不易。绿城管理内部对于房产品营造过程的标准化给予了高度重视，花了极大的精力在这上面。经过持之以恒的努力，绿城管理一点点构建起企业内部的标准化管理体系。

绿城管理全面分析房产品营造过程中可能涉及的方方面面，按照系统思维、全面覆盖的原则，将房产品纳入整个标准化体系之中。以项目全景计划的制订为例，绿城管理团队运用结构化思维，充分考量资源、执行、考核等多维度要素，确保计划缜密、科学合理。在业务实践中，持续通过统筹、优化的方法，将经验沉淀、优化并形成知识输出。目前，绿城管理已完成五大标准化体系的构建——产品标准化、流程标准化、合约标准化、操作规范标准化及工作成果标准化，并将知识管理的成果逐步向行业输出。

回到那个最基本的问题：企业的标准化到底有什么用？更进一步而言，房产营造企业的标准化有什么用？

从最微观和最基础的层面上看，企业的标准化是为了解决房产品营造过程中的四大问题：一是缺乏系统性和逻辑不清的问题——开展项目时，切入点随意，工作中思路不清晰，导致效率不高；二是缺少目标或目标不清晰的问题——当工作量或者模块较多无法兼顾时，就会出现工作混乱的情况，对各个项目的进展无法进行有效把控；三是输入输出不对称的问题——工作提交过程中，工作结果与预期差异很大，特别是进行一对多工作对接时，经常出现每个人提交的结果都不同的情况；四是无法传承的问题——一旦有员工离开岗位，另一位员工接手时，工作就得重新开始，甚至之前犯过的错误还会重新犯一遍。

不仅如此，绿城管理的标准体系还承载着更高的期望：

一是要清晰界定服务。代建业务要实现从产品到服务的转变，有了标准，就能够快速说明可以提供哪些服务，以及通过什么样的组织、流程及管控手段来保证质量。

二是实现管理创造价值。多年来，围绕房地产业务，公司积累了很多经验，这也要及时进行梳理、提炼，并将其标准化，确保过往的管理经验能够拿得到、用得上、用得好。

三是建立行业标杆。这一套标准体系还要体现代建行业最新的理论成果，并在实践中不断迭代更新，巩固行业领先地位，形成技术壁垒。

四是要建立品牌和信任。标准化体系是品牌社会公信力的认证，在获得消费者信任的同时，也获得合作伙伴的信任。标准体系源于实践，用行业通用语言清晰展示，既可以为行业共享，提升整体的营造和服务水平，也可以为各方整合资源、创造价值奠定基础，最终实现各方共赢。

绿城管理的标准体系构建要从"绿星标准"说起。

2018年3月22日，在中国指数研究院举办的"2018中国房地产百强企业研究成果发布会"上，绿城中国荣获综合实力第8名，绿城管理集团荣获代建运营优秀企业第1名，并蝉联"中国房地产代建运营引领企业"奖项。

正是在这次发布会上，绿城管理的项目评定体系"绿星标准"正式发布。

自2016年提出代建4.0体系以来，绿城管理集团在代建行业的领先早已不仅仅是绝对的规模优势，更体现在对行业发展的思考和引领上。作为代建4.0体系的重要组成部分，此次"绿星标准"的发布也是绿城管理集团引导行业向更标准、更具有体系化方向前进的又一次探索。

"绿星标准"被业内称为房地产界的"米其林指南"。

米其林是一家做轮胎的企业,但是"米其林指南"代表了餐饮界的最高标准。米其林轮胎公司推出了一本简易方便的手册。起初这本手册主要是为驾车者提供一些实用资讯,后来这本红色封面的小册子开始为法国的餐馆评定星级,因其严谨的评审制度得到读者的信任,并由此闻名。如今,"米其林指南"被誉为"美食圣经",在餐饮业具有毋庸置疑的权威性。

在中国房地产行业,对于商品房的营造没有统一的标准。在好房子体系里面,要有产品的指标、服务的指标、运营的指标、供应商的指标,"绿星标准"积极尝试,在其中设定了一个非常复杂的评分体系,来确定项目星级并确保项目的品质营造。

目前,"绿星标准"是一个由238项标准组成的庞大的企业标准体系。其中的108项标准是沿用绿城母体在25个高品质房产品营造过程中所获得的经验,而另外130项,则是绿城管理集团在成立以来的短短5年里迅速构建起来的。

从"绿星标准"开始,绿城已经不仅仅是自己在追求高品质的好房子,更将这套凝聚着全体绿城人智慧结晶和专业经验的行业标准对外输出。

"绿星标准"的根本目的是什么?

从最通俗的意义上来讲,就是为代建行业提供一个参照系——

一套关于高品质房产品营造的准星，然后化繁为简，提纲挈领，为代建行业牵涉的各方提供一个科学、合理、有据的标准体系，从而推动行业的进步。

中国房地产行业经过 20 多年的商业化发展，正在一步步走出野蛮生长阶段，专业化程度不断提升，处在第一梯队的优秀企业已经开始领跑，绽放出绚丽之花。那么，那些处在头部之外的成千上万的中小房地产开发商如何与一线品牌进行竞争？如何在最短的时间内，在土地和资金的硬性约束下，同样营造出高品质、高标准、高性价比的房产品？

以上问题的答案是，通过代建 4.0 体系，通过"绿星标准"。

第三节　因痛而生的标准

为什么要有"绿星标准"？

最开始，从前期、设计、工程，到后面的销售、服务、成本及财务管理，这套标准更多的是从企业内部管理视角出发，而不是将委托方、供应商及业主等利益相关方放在同一个平台上来考虑，所以没有提供一个大家都认可的行业标准。

从更加实操的角度来看，作为代建行业的"领头羊"，绿城管理需要与成百上千个委托方进行合作，在代建过程中还要与不同的供应商打交道。一方面委托方的诉求千差万别，另一方面绿城管理的品质底线不容突破，怎么办呢？这个时候，只有用标准说话。

于是，"绿星标准"就直奔代建行业面临的四大痛点而来。

痛点一：委托方的差异化诉求难以满足。

绿城代建的一个核心竞争优势，就是过去许多年里积累起来的品牌效应，而这个品牌效应，其基础就是绿城产品有自己的管理体系和营造品质。但在跟部分委托方沟通的过程中，绿城管理发现，大多数委托方还是希望自己亲力亲为，就贴绿城的牌子，作为卖房子的信用背书。显然，这种做法很容易出问题，随时都可能导致质量失控，这必然会影响绿城的品牌。

有的委托方希望能够获得绿城的品牌赋能，但又想不切实际地压低成本，甚至不惜牺牲产品标准，绿城管理显然不会答应。不过，这些客户仍然是潜在的合作伙伴，仍然有合作的可能，问题的关键在于如何达成一致。

痛点二：非绿城合格供应商，无法保证项目品质。

很多中小房企选择供应商的时候喜欢选择熟人、关系户，但他们多数都不是绿城体系内合格的供应商，所以从产品的设计到营造以及产品品质的把控就会非常弱。

痛点三：内部信息不对称，沟通成本高。

在绿城体系内的项目,都是按照高标准在做产品,大家遵循同一个标准、同一个体系,而且内部沟通更容易。因为不同的委托方有不同的要求,所以没法完全标准化,就连绿城内部各个中心、分支机构联合作业的时候,整合资源的过程也会很复杂,沟通成本很高。

痛点四:化解准业主的担心,减少额外教育成本的产生。

许多购买绿城房子的客户,都是基于对绿城品牌的信任,但有些代建项目,他们会担心是否能保证原汁原味的高品质。如果要做相关解释工作,会产生很多额外的教育成本。

这四大痛点的存在,明显地制约着代建业务的顺利开展。不管是前期与委托方沟通,对委托方进行筛选,还是代建过程中供应商的选择,绿城管理的内部沟通,甚至后期打消购房者的顾虑,每一个环节都耗时费力。与自建型房地产开发相比,代建模式涉及的关系复杂程度可能是几何级地增加。

因此,擅于从经验中总结提炼的绿城管理,当仁不让地承担起了构建代建行业共同标准的责任。

第四节 好房子的标准到底是啥

步入 2018 年,绿城管理进一步推进按需定制、贴身服务的企业战略。从 1 月开始，绿城管理通过深化布局核心城市群，对内推进三级管控、强化平台协同等，在战略布局、内部管控与服务模式等方面全面升级。

"好房子是美好生活的重要载体"，这是绿城一直秉承的理念。早在代建 4.0 体系诞生之时，绿城管理集团就率先提出"构建全生命周期服务体系"的目标，为客户提供更好的品质物业与生活服务。

然而，好房子的标准到底是什么？绿城管理集团整合 10 年轻资产与代建领域的实践经验，汲取百余个实战操盘项目的经验与痛点，提出为委托方、业主、供应商、员工、投资人打造"共创价值、共享利益"的生态平台。这其中，既包括了对 26 载绿城品质红线的传承与坚守，又满足了不同委托方的诉求，并积极创造效益，同时让终端消费者享受品质、服务与美好，与供应商共享更大的资源平台。

在经历了一年半的探索与论证后，这套多维度衡量好房子的项目评级体系"绿星标准（1.0 版）"正式亮相。通过菜单形式，实现房产品营造的可视化与透明化，以标准规范服务，实现多方价值与利益共享。

"绿星标准"旨在成为代建行业标准。

目前，对于整个行业的发展而言，更重要的是，绿城管理以极其开放的姿态构建一个知识分享体系。

伴随着宏观经济的快速发展，中国房地产行业经历了爆发式的"野蛮生长"，与高增长相伴随的问题也层出不穷：重规模、轻品质；重投资、轻开发；重装饰、轻服务……

在行业日趋理性与专业化的当下，必须结束野蛮、回归生长，对产品、标准、服务，尤其是美好生活的营造被重新提上日程，行业迎来全新的使命。

作为代建行业的"领头羊"，绿城管理集团以更规范的标准化产品和服务体系面对社会各方的品质检验。与此同时，通过打造价值分享体系，推动行业标准的建立，承担起企业公民的责任，推动房地产业的健康有序发展。

共建美好、共享知识、共创价值。从某种意义上说，"绿星标准"是对绿城多年"美好生活"理念及其背后高品质产品营造与服务的核心价值的提炼。如今，在开放与共享的心态之下，绿城管理集团不仅把内部的美好营造体系进行系统化与标准化的呈现，更愿意通过开放性的知识共享平台与产业平台进行分享与输出，与行业共谋未来，共建激动人心的品质生活。

助人其实就是在助己。对于绿城而言，"绿星标准"的提出虽然在客观上完成了行业标准的构建，但最直接的受益者毫无疑问是绿城管理自己。从某种意义上看，绿城管理是在通过"绿星标准"打造一种更高维度的盈利模式。一方面，通过标准化，在底层构建类似富士康的模式，让那些没有太多项目操盘经验的人，在"绿星标准"的指引下，也可以操盘很好的项目；另一方面，像苹果公司一样，通过打造高端的认知品牌，获得行业领先的设计，并严格掌控供应链。达成这两方面目标之后，绿城管理就可以找到多种盈利模式，比如"流量变现"模型、"代建生态"模型。

第一种："流量变现"模型。

绿城管理会继续承接更多代建项目，其目的主要是获得流量。

截至2019年12月底，绿城管理代建项目的在建面积超过3000万平方米，这已经是一个相当大的数字了，而且还在不断扩大，在这个过程中，又会产生多种流量，与利润的产生相伴相生。

一是现金流量。部分政府代建项目如EPC、PPP等，都会有资金作为应收应付账款从绿城管理手里经过，在这个过程中就会产生流量和利润。

二是金融流量。当应收的代建费达到一定流量后，如每年几十亿元，拥有稳定的收益权时，就可以做成金融产品了。当绿城管理的某个项目委托方有融资需求时，绿城管理就可以提供支持，并收取一定的费用。类似的操作还有供应链金融等。因为整个项目都是绿城管理在操盘，是闭环操作，所以几乎没有风险。

三是提升供应链上兄弟单位的业务流量。2017年绿城管理收购了一家甲级设计院，当时产值不到2000万元，2018年就达到了1亿元，因为绿城管理给它带来了很多业务。2019年，绿城管理又收购了另外两家设计院。

随着"绿星标准"的推行,大家的采购目标更加一致,绿城管理将有更大话语权,业务流量还会增加。

第二种:"代建生态"模型。

绿城管理希望这个标准可以推广到同行中去,而不仅仅在自己代建的项目中应用。目前,国家有关房产品品质的标准比较低,绿城管理希望自己的标准可以在比较高的水平上,建立一个大家公认的标准体系和信用体系。

绿城管理认为,房企如果认同这套标准,就等于加入了一个体系,购房客户会对这个体系内的项目形成基于标准化的判断。

如果这套体系完全成熟,那么,其中的中小房企就组成了一个共赢的联合体,共享规模、标准带来的品牌、信用、成本、产品优势,也就有了和千亿巨头们的项目一决高下的资本。

在"绿星标准"构筑的城墙内,绿城管理构建了一个独立的生态——代建4.0王国。绿城管理集团作为房地产开发全产业链服务商,秉承"品质、信任、效益、分享"的企业价值观,将通过"绿星标准"这个平台,对接产业链合作伙伴的交流与学习需求,统一产业链上下游的运营规范,降低交易成本,提升产业链的竞争优势。同时,也有利于增进相互信任、加强战略合作。未来,行业的集中度将进一步提高,甚至出现寡头化的趋势。

未来可能实现的情形是,为数不多的全国大型开发商将占据市场的主要份额,代建领域也如此。据预测,2017—2020年,中国代建市场累计规模总量将超过 1.7 亿平方米，这其中的大部分市场份额将属于大型品牌代建商，绿城无疑拥有巨大的机会。

第五节　一个值得信赖的生态体系

2019 年 10 月 23 日—12 月 4 日，绿城管理第八季"全国工地开放日"累计万余人参加，集团旗下的绿城·上海诚园、绿城·石家庄诚园、齐河安德湖小镇、绿城·乌镇蘭园等典型项目，纷纷向业主和社会各界呈现产品品质、工艺工法、施工管理等方面的匠心品质和高标准管理，赢得社会各界的一致赞誉。在这些项目中，优质的供应商、精益的管理、全方位的服务，正是"绿星标准"运用的典型代表。

经验丰富的团队、开放透明的管控、贴心细致的服务、严格到位的精细化管理，这样的标准在绿城·南昌桂语江南、绿城·亳州玫瑰园、萧山潮上云临南苑等项目上，同样被不折不扣地完美执行着。

图 7-2 绿城·亳州玫瑰园

图 7-3 绿城·上海诚园

无论从哪个角度来看"绿星标准",我们都会惊叹于这套标准背后对于高品质住宅的深刻理解和提供的丰富经验。从某种意义上说,这是一张优秀的能够满足不同需求的品质地图。

"绿星标准"的出台，先后历经了10轮论证，构建起包含4个模块、17个二级指标和73个子项的指标体系。指标体系提出之后，经由绿城管理集团体系内42个项目的3轮测试、修正，最终定稿确立。

"绿星标准"以"相互约束、合作共赢"为核心原则，直击行业痛点，覆盖代建前后端的产品、供应商、运营、服务四大模块，并与开发成本和收益绑定，让管理过程、结果清晰透明，为定制开发、成本控制、产品品质确立科学标准。

作为绿城管理代建4.0体系的重要构成部分，"绿星标准"以规范代建行业标准为目的，协同打造产业生态圈和共享资源为宗旨，希望通过对项目进行评分、分级、认证体系，构建具有普遍共识的行业标准，成为房地产界的"米其林指南"。

这套标准里除了产品指标，还有运营指标、服务指标、供应商指标，如图所示。

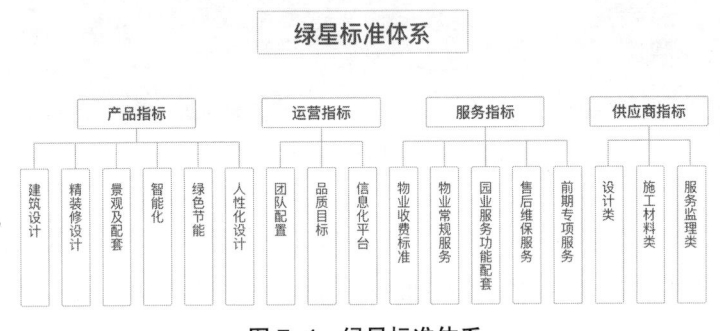

图7-4 绿星标准体系

从产品指标的具体构成来看，单从建筑设计这一子项来看，就包括外立面材质、人车分流、架空层、标准层高、地下车库净高、落客雨棚、门厅大小、主阳台玻璃栏板高度、门窗、园区大堂主入口等10多项，根据不同的设计规格进行赋值，从0.6分到1分不等，最终的星级评分就是由这样一个个细项得分加总而成的。每一星级所代表的质量标准一目了然。

这套标准还有自己的细分标准，比如政府代建相关标准就是"绿星标准（1.0G）"，它的目标是努力让政府代建项目有一套体系化的营造标准，从而规范政府代建行业。根据"绿星标准（1.0G）"，绿城管理在政府代建项目的工程营造上，严格细致地践行"深入调研，因需设计""前置管控，策划先行""成本锁定，限额设计""样板引路，确保品质""过程管控，多向督导"五大工作环节，确保政府代建项目的资源使用最优化。

"绿星标准（1.0G）"和"绿星标准（通用版）"最大的区别就是添加了"民风民俗设计"模块。政府代建"绿星标准"以资源共享、合作共建为核心原则，直击行业痛点，覆盖代建前后端的产品、供应商、运营、服务四大模块，契合品质人居与美好生活价值导向，让代建过程、结果清晰透明，为定制开发、成本控制、产品品质确立科学标准。目前，已经有地方政府采用绿城的标准作为政府标准了。

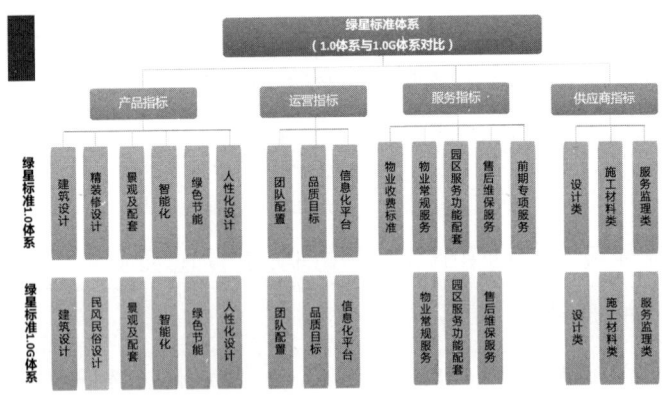

图 7-5 绿星标准体系（1.0 体系与 1.0G 体系对比）

绿星标准体系将委托方、供应商、消费者整合到统一的产业生态环之中，打造可视化、菜单化的产业平台，实现资源高度整合和信息充分共享（如图 7-4 所示）。

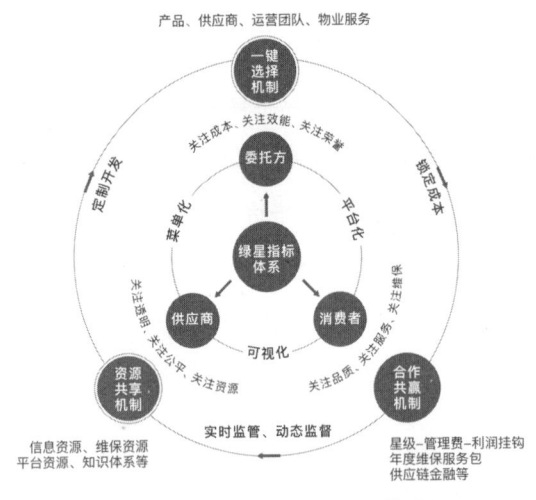

图 7-6 绿星标准 1-3-3 体系

在这个生态环里，委托方可以根据土地、财务等情况，确定星级标准，一键选择产品、供应商、运营团队和物业服务标准，通过绿星平台案例库选择案例对标，提前明确成本区间和预期收益，并可实时监督工程进度和动态成本，跟踪品质与效益。

换句话说，当委托方选定标准，绿城管理内部就可以开始标准化工作了，这使得沟通大量减少。比如，委托方选定了3星或5星标准，双方合作的基础就形成了。由于星级评定中相关指标权重的设置是基于绿城20多年的经验，涵盖了住宅服务的方方面面，是非常科学合理的质量保障体系，它关注到客户端、市场端哪些东西更受重视，设计需要更加人性化，以及绿色建筑的要求等。

除了权重设定，为了引导客户接受更高标准，5星项目收取代建费的比例可能比3星项目更低，比如，3星标准是5个点，5星标准可能只有4个点，这背后有两个逻辑支撑：其一，因为客户使用了5星标准，在市场上能够获得更高的溢价，虽然费率低，但总体代建费用可能更高；其二，在这样的费率设置下，绿城管理能够获得更多的话语权，有利于建立创新的盈利模式。

供应商这一端可以共享绿城代建平台资源，如信息资源、维保资源、知识体系等，参与到公平、透明的招标体系中，获得更优质的项目和发展机遇。这套标准可以同时统一供应商标准，作为实现准入制、提高项目竞争力的基础。

"绿星标准"把供应商分为A、B、C三类，委托方推荐的供应商也可以在接受标准流程的审查后入库。供应商在进入这套体系后就能享受绿城管理巨大的业务流量，同时通过标准体系提高自己的管理水平。而绿城管理则能对供应商进行统一管理，提升项目各个环节的可控性和竞争力。

从终端客户消费者的角度来看，消费者通过这个平台可以提前预知未来的产品及服务内容，参与品质监督与改进计划，更可享受未来4S维保服务。事实上，通过这套标准，可以搭建终端客户的信任体系。因为只要项目满足这套标准体系，就意味着这个项目也满足绿城的产品与服务标准，是一个原汁原味的绿城项目，客户也就不用担心代建项目的问题了。

绿城管理构建"绿星标准"的最终目标，就是用一个标准，团结全国中小房企，和千亿巨头们一决高下。从某种意义上说，行业里的千亿巨头们已经构建起以下四条护城河：[①]

一是成本的护城河。千亿巨头们借钱的成本较低，管理到位，开发周期短，销售速度比较快，整个项目的财务成本就低。中小房企采购规模小，开发慢，借钱成本较高，销售较慢，财务成本就高。所以，二者从一开始就处于不平等竞争的地位。

绿城管理的破解之道：绿城的开盘和工程节点都处于行业的上游水准，绿城代建项目共享绿城的品牌，绿城管理也负责营销，其

---

① 明源地产研究院发布的《绿城的野心！用一个标准，团结全中国中小房企，和千亿巨头们一决高下》一文。

去化速度一般不成问题。这样一来，开发周期缩短，财务成本大幅降低。

二是产品的护城河。千亿巨头们过去的项目很多，可以通过各种统计，了解最新最全面的客户需求，进行产品优化。他们前期积累下的大量优质产品线、产品细节，可以根据不同项目选择运用。

绿城管理的破解之道：对于中小房企来说，突破产品的护城河有难度，如果跟绿城管理合作，一切都变得简单。

三是品牌的护城河。千亿巨头们大多已经全国知名，其项目在进行宣传的时候，客户教育成本就会比较低。千亿房企的项目容易获得溢价。

绿城管理的破解之道：中小房企的项目需要花费更多的宣传费用，才能为客户接受，溢价也比较困难。如果跟绿城管理合作，就可以借助绿城的品牌，降低教育成本，实现溢价。绿城代建的项目平均比竞品溢价 10%~20%。

四是信用的护城河。千亿巨头们容易获取银行信任，获得贷款；容易获取地方政府信任，达成合作；容易获得消费者信任，销售期房更顺利。

绿城管理的破解之道：中小房企的信用和千亿房企有差距，许多巨头房企看来很容易的事情，对他们来说却很难。如果跟绿城管理合作，就可以获得信用背书。有的项目之前解决不了融资问题，找到绿城管理以后，就可以获得融资，甚至有些委托方因为跟绿城管理合作，取得了地方政府的充分信任，从而获取了低价土地。

绿城管理推出的"绿星标准"，一方面能够快速把与绿城管理在质量、理念等方面有共同认知的客户挑选出来，另一方面也可以统一供应商标准，提升项目各个环节的可控性和竞争力。通过这种方式，绿城管理既可以实现优质的品牌、资源、产品力输出，合作方也能够实现产品的全方位升级和增值，实现双赢。

第八章　信任体系与利益共享

合作是一切团队繁荣的根本。

——大卫·史提尔

"山不在高，有仙则名。"从曲阜市区往东南方向行驶25公里，便可见尼山隐于郁郁万木之中。这里五峰并峙，五水汇流，源泉不断，楷树成荫，古柏参天。山环水抱之中，孔子父亲生活过的鲁源村，孔子母亲的家乡颜母村，孔子出生的夫子洞，形成中国文化特有的圣山、圣水、圣地的圣境景观和圣父、圣母、圣人的圣境格局，被称为"尼山圣境"。

这是无锡灵山集团继无锡"灵山胜境"之后的第二个作品。"尼山圣境"总规划面积35.76平方公里，项目总投资100亿元，由曲阜市与无锡灵山实业有限责任公司等联合进行开发。"尼山圣境"项目总体定位为"孔子的世界，世界的孔子"，并以"明礼生活方式"为核心文化主题，打造融观光游览、休闲旅游、文化体验、修学启智、休闲度假、教育培训为一体的复合性文化度假产业综合体。在2018年央视中秋晚会上，"尼山圣境"在全球观众面前横空出世，惊艳四座。

灵山集团董事长吴国平是一个很有情怀的人，将打造无锡"灵山胜境"的成功经验复制到尼山上来，6年间，在尼山项目上投资超过30亿元，所有的营造都是登峰造极的。目前，大学堂和孔子像、尼山孔庙、鲁源村、耕读书院、尼山书院酒店等都陆续建成并开放，整个景区展现的是孔子式的理想社会，希望游客在山环水聚的自然环境中，感受"孔子的世界"所要表达的意境。

然而，在住宅开发部分，灵山集团遇到了较大的挑战。有一次，灵山集团内部召开战略研讨会，绿城管理集团副总经理祝军华应邀参加，并以绿城管理的实践为例，做了"轻资产开发的基本逻辑"的分享，引起了与会者的高度认可，绿城管理也被邀请参与尼山项目的住宅开发。

"我认为难度系数还是比较高的。商业是靠流量的，没有流量就没有业务。"经过数次调研之后，祝军华坦言，尼山项目的困难超过了他的想象。曲阜是山东经济实力排名靠后的城市，绿城在曲阜市中心的"曲阜诚园"项目做了7年，单价才卖8000元。尼山离曲阜市区还有20多分钟的车程，配套设施还都在建，按照现在情况估算，成本价已经达到每平方米15000元，售价就至少要到每平方米30000元，甚至更高。按照常理来看，它已经超出传统房地产区域化定价的商业逻辑，几乎是一个不可能实现的目标。[1]

但，也不是不可为。

其一，要在保持品质水准的前提下将营造成本控制好。按照估算，严格将营建成本控制在每平方米5000元以下。又要东西好，又

---

[1] 祝军华.轻资产开发的基本逻辑［Z］.2019-08.

不能花钱，承建方在山东的分公司没有类似经验，完全不知道怎么办。对于绿城来说，每平方米5000元的标准营造，可以很从容。

其二，在现有基础上做好项目策划。从尼山调研回来，祝军华感慨："正所谓半部《论语》治天下，我就不相信，这传承了2500年的文化内涵和智慧结晶，却治不了这个项目。"于是，他天天读《论语》，最后从《论语·大学》里面的"三纲领八条目"——"明明德""亲民""止于至善""格物""致知""诚意""正心""修身""齐家""治国""平天下"得到灵感，提出"文教一体，官民同行"作为项目运营策划的创意本源。

这是山东省的头号文化项目，包括108个国家孔子学院的全球总部、儒家世界文明大会永久会址、中央党校政德教育学院等具有浓重政治文化色彩的载体都会集聚到尼山来，顺应当下"传统文化复兴""文化自信"的热潮，以文化修学与研学度假为突破口，树立起"孔子"这个文化符号，匹配上绿城的专业资源与品质营造，是完全有可能实现既定目标的。

绿城管理团队针对尼山项目前前后后做了5次提报，把大家的信心一点点提升起来。最后一次，尼山公司的高管集体鼓掌："终于有勇气向自己的亲戚、朋友介绍这个项目了，也是可以买的。"

事实上，这是一个极为特殊的代建项目，涉及包括地方政府、国有企业、文化机构在内的多个利益相关方，如何有效地协调一致，组织好各方资源，卓有成效地推进工作，绿城管理团队面临着不小的挑战。

绿城管理在曲阜尼山项目上遇到的挑战,虽然有些独特性,但在这种独特性背后蕴含着的是一种具有普遍性的内在模式。换言之,相较绿城的自投板块,其代建业务面临的一个更加直接和更大的挑战,就是如何取得企业端(B端)客户的信任。

第一节　信任体系创造价值

绿城20多年的品牌累积过程,从某种程度上讲,是赢得消费者信任的过程,聚焦的是消费端客户(C端)的信任。在代建时代,对于绿城管理而言,要突破的挑战就是如何将C端的信任关系进一步升级到B端,也就是赢得项目委托方的信任,最终实现合作共赢。将信任关系从C端客户进一步升级到B端客户,这是绿城管理构筑代建4.0王国这一宏大目标中必须突破的一道重要关卡。

然而,要从信任体系的to C时代升级到to B时代,这其中面临着一对相互矛盾的利益诉求。在信任体系的to C时代,绿城做事的基本逻辑是这样的:通过对房产品营造品质的极致追求,构建了高端、高品质的品牌形象,从而赢得C端消费者的信任,在终端市场上则表现出绿城房产品的明显溢价。在这种追求品质—建立品牌—赢得信任的逻辑链条中，绿城在客观上付出的必要代价就是营造成本整体较高，同时周转能力较弱。换句话说，在为消费者创造了较大价值的同时，为股东创造价值的能力是相对有限的。

在信任体系的 to B 时代，绿城管理需要传达给代建委托方的信息，除了拥有较强的高品质房产品的营造能力之外，还需要让对方相信你能够帮他有效地控制项目营造总成本，能够实现项目价值创造的最大化、项目运营收益的最大化。

大多数代建委托方，特别是商业代建委托方最为关心的：如何在成本确定的前提下，营造出品质最优的产品，或者说在品质标准确定的前提下，确保营造成本最优，这也是信任体系 to B 时代的关键所在。

在绿城 10 年的代建业务实践过程中，构建了包含至少七种专业能力的代建能力体系，最终形成了"打造能力—建立品牌—赢得信任"这一升级版的能力体系打造模式。

这七种能力具体为：

一是产品标准化能力，即全部产品线都能标准化、模块化，建立起成套体系，在面对市场需求的时候进行"积木式创新"，满足多元化、个性化定制的客户需求。

二是成本管控能力，即从粗放管理到精细管理成为必然，对于成本的管控涉及项目全程，采用"控总、管分、严收尾"的办法，务求把钢用在刀刃上。

三是产品溢价能力，产品的溢价能力代表的是品牌能力，以及产品品质在消费者当中的口碑，也是委托方选择的重要理由，平均超过10%~20%。

四是项目去化能力，即如何能够设计出适销对路的产品，产品要根据市场需求做相应调整，根据地方实际情况灵活制定定价策略，产品营销也要创新，重视发挥自媒体、社群的力量。

五是团队建设能力，即每个项目都需要匹配若干管理人员和工程人员，当多个项目同时运作时，如何保障团队的高专业度，需要在团队定期培训和知识分享上下功夫。

六是资源整合能力。代建业务涉及多个链条，需要构建多方共赢平台，并能够整合上下游服务链，拥有一定的融资能力。

七是物业服务能力。物业服务是在房产交付之后的居住体验，物业服务资质和能力在一定程度上决定着代建业务的成败。

这些能力的集聚融合，是绿城品牌拥有高价值的原因。

由于代建业务的利润最终取决于合作项目的销售额，一般收取的管理费占到项目销售额的5%左右，委托方常常认为代建企业是来瓜分其利润的。绿城管理彻底推翻了这一设定，通过其专业化的运作和品牌营销，使得项目溢价一般都会高于委托方自营。绿城多年专注开发系列城市优质房产品，已经成为消费者信赖的全国知名品牌，老客户重复购买和推荐购买超过成交客户总数的50%。

正是基于这种综合能力,绿城代建的楼盘普遍比同地段竞品溢价10%以上,也因为绿城强大的品牌影响力,精益求精的建筑品质,合理科学又因地制宜的社区规划,贴心智能的物业服务等,其既往项目的二手房在市场上普遍比周边更具增值价值。而在房屋租赁市场,租房人也愿意为绿城品牌支付溢价,年租金比同商圈的小区高出10%以上,部分项目如宁波绿城绿园、杭州深蓝广场、合肥桂花城等溢价率超过20%。

因此,绿城代建项目所创造的价值,表面上看似乎可以简单归纳为品牌溢价,但其实这背后是一整套能力支撑体系。正是基于这一能力体系,绿城管理在对项目特点进行充分论证后,往往还会对项目进行极其全面、深入的价值分析,充分挖掘项目价值,通过管理赋能,将项目的价值最大化。

绿城管理通过自身深厚的行业积累和丰富的营造经验,将一个项目的价值最大限度地呈现出来。价值的创造过程,则是整个代建体系功能整体发挥的结果。

当然,绿城管理对于信任体系的理解,远不止于此。在绿城管理看来,建立在代建能力体系基础上的B端客户的信任,只是冰山在海面上的可见部分,在其底层有着更为坚实的基础,信任作为公司核心价值观之一,贯穿在每一次领导与员工、员工与客户的沟通之中。

在绿城,关于信任有一个不成文的共识:信任是立身之本、交往之道、管理之基、利他之根。绿城管理深刻地认识到，信任是社会存在的基石，是商业运行的普遍规律，是一切经济活动的基础。因此，有了信任，就能以少的社会成本进行沟通。一个组织只有用信任作纽带，才能让各股力量形成合力，快速实现发展目标，更好地实现创造价值。

第二节　价值是用来分享的

作为代建 4.0 体系的开创者，绿城管理集团始终致力于成为最值得托付的房地产开发全产业链服务商，通过不断整合产业链上的优质资源，与供应商进行强强联合，实现合作共赢，进一步提升产品品质与服务能力，更好地为委托方创造价值，为购房者提供优质产品。

绿城管理凭借出色的战略资源整合能力、卓越的品牌溢价能力以及管理与效益创造能力，为代建项目提供了资金、人力、品牌、管理等多维度的资源及服务保障，可为出资方、委托方、业主方持续创造价值，提高抗风险能力。

在代建业务链条上，委托方、供应商、投资方、员工、业主五个群体都是利益相关方,如何实现利益共享机制和合作共赢?这被概括为"五维人群共建激动人心的品质生活"。在五维人群的关系结构图中,通过代建4.0体系,绿城管理希望让五维人群建立更加深入的联系,共同创造价值、分享价值。绿城管理认为,代建行业要更上层楼,必须通过平台构建共创共享的生态,这是一个普遍共识。

图 8-1　五维人群共建激动人心的品质生活

那么,在这五维人群中,各自的需求点和利益点都在哪里呢?我们首先从终端用户业主开始。显然,业主是房产的最终拥有者和使用者,这一群体的利益诉求主要体现为:追求更高品质的美好家园,能够拥有更贴心的服务体系,享受更加精致的温暖生活。这样的诉求看起来简单,但要实现却极其不易。对于绿城管理来说,这也正是它自诞生那一刻起所秉持的价值与使命。

其他几方则大致表现为：委托方要求更高效、更稳妥、更轻松地获取效益，并为社会创造更多价值；供应商期望参与构建房地产全产业链生态平台，获得更多更好的发展机遇；投资方愿意与世界主流地产开发模式中的中国领航者分享万亿级潜力市场。

企业员工期待成为行业引领者，与理想主义者一起，为更多人造更多好房子。在员工的价值分配上，绿城管理秉持的是"以价值创造者为本"的核心分配原则，建立了以结果为导向、客观公正的评价体系，鼓励员工以客户为中心创造价值，并提供富有竞争力的薪酬福利制度和广阔的发展空间。

事实上，很多委托方带着项目找到绿城管理，第一诉求并不是赚钱。他们有的希望能理顺内部体系，有的希望打造自己的品牌，也有的希望帮他们做团队培训……他们需要的不是一个打工仔，而是一个具有"利他"意识和"专业"能力的陪跑教练或者攻守同盟。这意味着代建必须改变原来生搬硬套的思路，实行按需定制。那么问题来了，面对诉求多元的委托方，如何在盘根错节中梳理出满足这些需求的最优解？

大家首先想到了麦肯锡。这家TOP级的咨询公司有一套著名的"七步成诗法"，即通过问题界定、分解、规划、分析等七个在逻辑上有递进关系的步骤，为复杂的商业问题推导出系统的解决方案。

在代建4.0体系的框架之下，绿城管理也摸索出了一套服务流程:面对委托方的每一个诉求,绿城管理团队都会进行需求还原、问题诊断、解构分析,再经过数据研究和归纳建议,最后形成提报方案。

绿城管理代建4.0体系酷似一对天使翅膀,左翼回答了需求端关切的最大问题,右翼回答了委托方关切的最大问题,即价值是如何被创造出来的,又是如何进行分配的。(如图8-2所示)

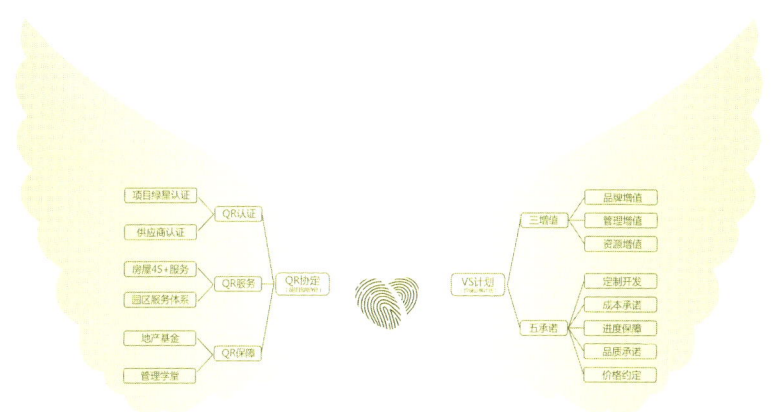

图 8-2　绿城管理方法论:代建 4.0 体系

在左翼的品质信用协定(QR协定)中,由品质认证、品质服务与品质保障三项内容组成,是通过客观专业的标准认定体系、品质授权管理、独立运作的地产基金及涵盖房地产全生命周期的保障体系,为代建模式下的房地产项目建立客观、系统的品质标准与服务标准,致力于打造更高性价比的房产品。

具体来看,品质认证包括针对项目的绿星认证体系和针对供应商的品质认证体系，确保代建项目营造过程中的品质标准；品质服务包括房屋 4S+ 服务与园区服务体系，这是绿城 26 年服务实践经验的总结和直观呈现，确保服务落实到位，涵盖房产品的全周期；品质保障包括地产基金和管理学堂，分别为项目提供流动资金和智力培训方面的保障。

右翼的价值分享计划，是由"三增值"和"五承诺"两大部分、八大维度构成的。具体来看，"三增值"分别是品牌增值、管理增值和资源增值，"五承诺"分别是定制开发、成本承诺、进度保障、品质承诺和价格约定。通过"三增值"和"五承诺"，绿城管理让委托方完全处于一种公开透明、可预期的状态，这其中的关键在于这一体系中的每一个主体都能够获取自身的最大利益。

在品牌增值方面，绿城已连续 16 年荣获"中国房地产公司品牌价值 TOP10"，拥有领先行业 20% 以上的溢价能力，以及高达 50% 的客户重复与推荐购买率，品牌价值持续增加。绿城管理先后荣获"中国房地产代建运营引领企业""中国房地产商业模式年度大奖"和"中国房地产成长价值领军企业"等荣誉，确立了在代建行业的规模优势与领导地位。

在管理增值方面，10 年几百个项目的实践经验，让绿城在掌握了独有资源的基础上，也获得了有力的管理能力，4000 余位绿城体系资深人才共同打造最值得托付的专家型团队。

在资源增值方面，以绿城信用背书，提升项目认同度；以专属地产基金，提供项目运营保障；以 26 年积累，整合 1500 余家产业链优秀供应商。

作为中国房地产轻资产开发领域的专家，绿城管理为客户提供按需定制的开发服务方案，根据项目特征编写可视化、流程化的商业计划书，并实施"五承诺"。对于"五承诺"，绿城管理的执行更是不折不扣。

定制开发：根据委托方的不同需求，提供三类定制开发承诺，包括基于市场需求的产品定位、基于项目条件的定制开发以及基于资金诉求的运营方案。

成本承诺：包括目标成本与超额罚则两大承诺。实行限额设计、限额招标、动态成本跟踪、第三方核定成本目标，与代建费收取挂钩，与委托方风险共担。

进度保障：承诺开盘、样板建设和开放节点；承诺首期开盘销售去化率和项目交付去化率。

品质承诺：保证工程品质高于国家标准，承诺不出现因管理原因的群体性投诉，做到 24 小时内对投诉 100% 反馈。

价格约定：根据项目情况，执行代建费与销售价格挂钩的奖惩约定，与委托方风险共担、利益共享。

在这一体系里，每一个维度的落地，都意味着价值的共同创造，更意味着所有参与各方的价值分享。翅膀的一边勾勒出了包括客观专业的标准认定体系在内的"品质信用协定"，翅膀的另一边是致力于形成上下游协同，共赢的"价值分享计划"。有了代建4.0体系，绿城管理的代建王国终于有了适合于这个时代的城市组织方式。人们因它而来，也因此齐心协力。

第三节　价值的理念纽带

"绿城是一所学校，绿城培养的学生使绿城得益，但更重要的是使社会得益。绿城房产品的内涵就是以人为本的人文关怀，创造这些产品的绿城人就必然有以人文精神和人文情感为核心的价值观。"宋卫平曾这么说。这不仅仅源于绿城矢志不渝的品质信仰，以及由此造就的房地产行业品质标杆地位，更因为绿城培养了大量人才，堪称房地产界的"黄埔军校"。

房产代建作为轻资产业务，资金投入"轻"了，人才、智力投入却"重"了。是否有具备管理经验和管理能力的人才团队来匹配代建业务在全国范围的快速增长，是决定轻资产业务探索成功与否的关键一环。因此，绿城自开展代建业务以来，就高度重视人才的教育和培养，形成了一个既重视理论教育，也重视实践积累，真正能够让人学以致用的管理人才培训体系。

为传承绿城理念，输出行业标准，2016年3月，绿城管理学堂成立，成为代建4.0体系落地的重要举措，并先后与中国著名的商学院——中欧商学院以及世界最好的商学院之一——美国沃顿商学院联合办班，开展高阶管理培训，打造了"mini MBA""桃李计划""星融合""311营销人才高阶班"等特色品牌课程，对内致力于员工的学习交流与经验传承，对外为供应商与委托方提供开放的知识共享平台，输出标准，提供认证服务。

绿城管理学堂已承接600余场次的培训学习，培训学员7000余人次，包括以委托方、供应商为代表的产业链上下游伙伴400余人次参与其中。绿城管理学堂的景观系，率先成为推动代建4.0体系供应商认证建立的行业入口与实践平台。它通过构建分级培训与认证，对供方企业及个人进行双重认证，培育优质供应商资源。

经过数年发展，以"共享知识、共创价值"为宗旨的绿城管理学堂，逐步成为辐射产业链上下游1500余供应商，近300个委托方的共享型学习平台，推动行业标准的建立及价值分享体系的打造。

绿城管理学堂的定位是"公司品牌传播者＋业务发展伙伴＋员工成长顾问"。绿城管理学堂对内作为公司的人才发展基地，组织开展各项培训、测评、认证工作；对外作为代建4.0体验馆，整合内外部资源，培养伙伴、传播理念，推动代建行业生态圈的打造。

第四节　助力同行者

这是一个共创共享的时代。绿城管理集团的业务导流将有助于合作公司的业务孵化和能力提升。近年来，绿城管理不断整合产业链上的优质资源，通过对设计院、咨询公司、商业运营公司的收购和并购，控制产业链上的关键环节，进一步提升产品品质与服务能力，更好地为委托方创造价值，为购房者提供优质产品。

2017年5月10日，绿城管理集团与浙江绿城利普建筑设计有限公司签订合作协议，由绿城管理通过增资股份认购形式获得后者51%的股份。

浙江绿城利普建筑设计有限公司成立于2006年，是一家具有国家建筑甲级资质的综合型建筑设计公司，业务范围覆盖全国14个省30余个城市，服务过小镇、住宅、酒店、商业等多种业态，积累了丰富的经验和良好的口碑。

此次增资收购这样一家专业设计公司，通过绿城管理头部势能的流量导入，在一年半时间里，产值从不到2000万元快速增加到两亿元，增长了10倍，这是绿城管理代建4.0体系打造业务闭环的重要实践。

事实上，对全产业链优质资源的整合能力，正是代建模式下为委托方创造效益，为消费者提供优质房产品的核心能力。基于此，绿城管理本着共创共享的理念，通过不断整合行业上下游优质资源，夯实了作为房地产开发全产业链服务商的龙头地位。

2019年4月25—27日，在上海召开的第五届地产建筑节上，备受业内关注的2018—2019第五届地产设计大奖·中国（简称CRED AWARD）颁布，绿城管理旗下绿城利普设计院设计的杭州余杭·南湖天下项目（销售案名：南湖明月）荣获"年度优秀居住项目奖"。

地产设计大奖·中国始于2014年，由中国TOP50强开发商总建筑师及海外开发商设计总负责人联袂组成豪华地产评委阵容，首创从地产的角度评选设计，是中国最具有公信力的行业大奖之一。

本届地产设计大奖·中国共邀请来自13个国家和地区的323家机构参赛，提交作品1117件。2019年4月26—27日，在入围作品项目演说环节，南湖天下项目主创人员、绿城利普高级设计总监鲍安翔做了精彩演说，经评委团严格评审，南湖天下项目脱颖而出。

南湖天下项目位于浙江省杭州市余杭区余杭街道，总用地面积121894平方米，总建筑面积410747.41平方米。该项目有三大亮点：一是设计从建筑和景观交融共生入手，生态保护规划到位，融合南湖原有水系，与周边环境和谐共处，彰显历史人文元素。二是将中式宅院与园林融为一体，集山水、街巷、田园、庭院、礼制、园林意境于一园之内，形成"宅园合一"的东方理想居住环境。三是创造体现科技创新和江南水乡特色的可持续发展建筑，为该板块具有代表性的高品质住宅，满足中高端业主对品质住宅的需求。

除了收购浙江绿城利普之后，绿城管理还通过增资控股了杭州绿城都会建筑设计有限公司、山东绿城青和建筑设计有限公司两家设计公司。

品质建筑，设计先行。在房地产开发过程中，设计是影响产品品质的"关键之钥"。作为绿城代建模式输出的主体，绿城管理集团始终高度重视设计之于营造的重要性。这也是绿城管理集团启动收购优质设计院的初衷，从源头强化代建开发过程中的品质管控。

与此同时，随着代建业务的不断拓展，分布于不同区域的项目对产品设计也提出了多元化的需求。绿城管理集团希望通过收购，引进更多的新理念、新产品、新设计。

第九章　代建 4.0 王国的未来

闪射理想之光吧,心灵之星!
把光流注入,未来的暮霭之中。

——泰戈尔

"感谢绿城、感谢沃顿。虽然我60岁了，但很庆幸有这次学习的机会，如果20年前来，我可能会把企业做得更好。"珠海尤特集团董事长、学员田绕梅如是说。"比较欣慰的是，还可以将年轻人送来学习，推动公司未来发展。"[1]

2018年7月，绿城管理与易居沃顿签订战略合作协议。凭借易居沃顿丰富的培训资源和绿城管理领先的轻资产开发经验，双方合作开设了首个以轻资产开发为主题的研修班，并很快汇集了一群优质学员。

这是一段发现之旅，在各自领域已颇有建树的学员们，选择以归零的心态重新出发，辗转上海（集修共训、课题评审、实战讲堂）、杭州（绿城赋能）、乌镇（项目参访）、海口（项目参访）、成都（新春年会）、美国（沃顿专修）多地学习、参访。

这是一段收获之旅，为学员们授课的皆为国内外的名家大咖，内容兼具理论和实践意义。求学过程中，学员们切磋探讨，结下了深厚的友谊。

---

[1] 2019年绿城管理集团官网发布的文章《沃顿并非终点——张亚东总裁寄语轻研班学员》。

其中，2019年4月在美国沃顿商学院为期一周的专修课程作为轻研班的压轴学习模块，备受学员期待。课程包含了全球视野、领导力技能、创新、房地产四大板块，旨在帮助学员成为更出色的战略领导者。

在全球最具声望的美国沃顿商学院，学员们不仅感受到了其悠久的历史，还有无处不在的创新精神。商学院工作组周到的安排，则让这次访学格外丰富、舒适。

"培训学习对公司和行业而言都很有意义。"绿城中国董事会主席、行政总裁张亚东十分重视轻研班，不仅全程参与了上海开班，也与学员们一同聆听了美国沃顿课程。

绿城轻研班，是旨在研究如何进行轻资产运营的创新与迭代的培训班。从设计、营造到营销、物业，绿城打造了自己的商业模型和标准体系，也获得了业主、委托方、供应商等利益相关方的赞赏与信任，由绿城来主导和组织面向行业的轻研班，实际上也是把绿城的经验分享出来，赋能给合作伙伴。

在结业典礼上，张亚东感谢了各位学员的积极参与，并用三个"W"做总结：

其一，为何（Why）来沃顿？绿城是一所学校，始终高度重视培训，只有通过培训才能不断提升能力，立足岗位，做好工作。此次访学过程中，同学们参与热情极高，再次印证了开卷有益、交流有益，希望大家始终保持学习、思考的习惯。

其二，谁（Who）是同道伙伴？绿城是一家追求品质为先、肩负社会责任的企业，这样的价值观决定了我们与怎样的伙伴合作。正源于此，绿城对合作及代建伙伴的选择十分严格。志同道合方能同行致远。绿城希望与在座的学员一起，为中国房地产市场的发展贡献积极的力量。

其三，绿城代建今后要做什么（What）？代建大有可为，绿城管理集团将围绕社会需求、行业痛点，积极探索多元化业务，进一步扩大规模，推动从美丽建筑向美好生活的转变。

张亚东说："产品竞争力永远是企业的核心竞争力，品质是房地产开发商能够穿越周期，获得规模和效益的砝码，是打破这个行业'劣币驱逐良币'的有力武器。"接下来，绿城将构建资源平台，把各项能力开放出来，在不同环节上，通过各种方式赋能合作伙伴。

诚如斯言，问道无止境，永远在路上。

过去，绿城管理专注于政府代建、商业代建和资本代建的主营业务，但轻资产模式还只是从原来品质营造延伸过来的商业模式，未来的竞争中，绿城要成为具备商业运营能力，有知识体系输出，有资本和资金管理能力的平台型企业，必须依靠管理驱动和知识驱动。

绿城管理集团的角色定位正在由房地产开发全产业链服务参与者向房地产开发全产业链服务管理者演进，未来会采用平台化管理模式，搭建产业平台，在最大化整合全产业链优秀资源的基础上，以平台实现海量需求与海量资源的对接，通过按需定制、分级认证、优质优价、品保基金的方式，努力打造一个委托方、供应商、消费者多方共赢的平台体系。在这个过程中，他们有更多的协同，形成产业链上下共享平台，一方面导流，一方面孵化；一方面引流，一方面聚力。

进入 2020 年，站在新的发展阶段，绿城管理集团提出了极具野心、布局宏伟的创新规划：计划在代建主业蓬勃发展的同时，以开放和共享的思路，围绕客户需求，深化资本代建、管理咨询、知识共享、资产管理等创新型业务，逐步构建一个平台化、自循环的业务生态。

第一节　保持持续创新

绿城管理是房地产代建领域的头部企业，在代建这一核心业务上不缺流量、不缺需求。在外界看来，做好现有的代建业务就可以活得很好了，为什么还要另辟蹊径，试图在新的领域里摸索和创新？

截至2019年底,绿城管理按全管控口径运营着300多个项目,除了西藏和黑龙江,国内其他各省市都有业务落地。这个时候,绿城的管理半径、人力培养跟能力输出之间的矛盾日益严重。如何破局?唯有创新。创新的价值在于寻找第二曲线增长的可能性。从根本上看,创新迭代是管理文化和客户需求的必然要求。

每个企业的管理文化都在持续变迁,并且会经历大致三个阶段:第一阶段,在创业初期,执行团队完全对股东利益负责,谁是出资人,谁获得话语权,决策思考的出发点是股东利益,这属于"老板文化",是比较初级的状态;第二阶段,是上市后的公众企业,一般由职业经理人来管理,带领专业团队,一起完成绩效指标,对广大股民和团队负责,这是"职业经理人文化",属于现代企业的管理逻辑;第三阶段,可以称之为"利益相关者文化",这就是绿城管理集团在代建业务中摸索出来并始终坚持的管理文化。

绿城管理是做专业代建服务的,在做业务的时候,需要全面考虑委托方、业主、供应商、员工、投资方的需求和利益。这五维人群都是代建业务的利益相关方,有任何一方不满意、出问题,业务就不可持续。因此,他们做任何决策,都不可能完全从股东方或自己的利益出发,而是拥有更复杂的管理逻辑。

绿城管理在具备了头部企业所拥有的流量之后,能力开始受到挑战。现有团队来不及或者无法提供相应的专业服务以满足客户需求。一边是市场需求大大超过团队的扩展和成长；另一边是轻资产模式要求整合社会资源，通过团队的力量去做事。

流量代表着商业机会，能量可以吸引流量，流量也可以转换成能量。如果不创新，仅凭借绿城管理现有团队和能量，那用户需求和服务供给的矛盾是永远存在的。绿城管理意识到，要抓住这些流量和商业机会，就必须放下历史包袱，用创新去连接更多优质资源，用创新聚集起一批优秀合作伙伴，让更多人跟他们一起来做。

那么，绿城管理该怎么创新呢？

房地产开发的产业链条中，大的业务环节有拿地、开发、交付、营销、运营，其中还包括很多细致的小环节。从这个产业链条里面去看，会发现绿城管理在不同阶段承担的角色、拥有的能力范围都是不一样的。一般来说，产业链也是价值链，越靠前端，它的价值贡献越大。绿城现有的代建业务模式处于中间环节，且仅占据价值链的一个环节而已，有向两端拓展的可能性。

往前端是拿地，没有钱不可能拿地，这需要有金融能力，这是绿城管理未来必须创新和突破的点；往后端是物业服务、资产管理、商业运营，都是专业服务逻辑。

当然，在整个产业链里，前端、中端、后端都想做好，要靠什么呢？要靠一套认知体系、一套标准化操作流程和一群有共同价值追求的人。因此，绿城管理需要对团队进行持续培训和教育，把好的经验提炼出来,把个人知识变成公共知识,分享给更多的人。由此,知识共享也成为创新的必由之路。

用一句话来说创新,即基于品质营造的核心能力,在房地产产业链中向前或向后延伸,并通过咨询、教育和培训将其串起来,打造一个知识型企业组织。这就是未来3~5年,绿城管理要持续创新的基本逻辑。

第二节 代建+金融能力

过去几年,千亿级品牌房企为了做大市场规模,持续向二、三线甚至以下城市区域市场下沉,很多区域化的中小型开发商受到市场挤压。一大批区域化的、有土地储备的中小型开发商迫切需要寻求一种理想的合作模式,于是,房地产代建模式应需而生。代建不同于被兼并、收购和退出,委托给绿城代建,既不影响控制权,品牌、财富、行业地位也都不受影响。绿城管理以输出品牌、管理、团队的方式去服务他们中的一小部分,按照绿城的标准营造产品,以绿城品牌完成营销,收到了很好的效果。

如今,情况正在出现新的变化。在日益激烈的市场竞争中,不少中小型开发商的生存环境持续恶化,尤其是融资环境、融资成本在发生恶化,这些问题可不是纯粹的商业代建能够解决的。近期,中央政府自上而下的各种金融政策,其核心就是进一步去杠杆,所有涉房、涉地的资金都受到管控,原有的资金平台,包括一些国有的基金平台,也没有办法调出更多的资金直接进入房地产领域。这对于中小型开发商的打击是非常大的,很多人恐怕在存量变现的过程中,等不到出结果,资金链就断裂,面临破产了,整个行业的兼并收购和重新洗牌不可避免。行业洗牌必然导致品牌和资源向头部集中,大批中小型开发商退出市场。

近几年,绿城管理因地制宜,依据具体项目的特殊性,进行类金融平台的搭建,以绿城品牌为项目背书,通过政府、国企和金融机构等"不缺钱但缺好项目"的第三方,为项目进行前期融资和流动性融资,包括项目在远行过程中的一些短期纾困融资方式,形成存量变现、多方共赢的结果。这也意味着,绿城管理商业代建的模式必然要逐步向"商业代建+资本代建"的模式去迭代和延展。

资本代建是与各类具备房地产投资能力的金融机构对接,绿城为其寻找房地产投资项目,并为其项目提供全过程房地产开发管理服务,实现"资本+代建"双赢模式。

举个例子,最近,绿城管理与东方资产的下属单位合作成立了一家平台公司,正在寻找投资项目。很多优秀的金融机构,房产开发经验不足，找绿城管理合作再合适不过。对于此类代建模式，绿城一般会视实际情况分一定比例的资本收益。

从"为土地打工"到"为资本打工"，绿城管理正在推动代建领域固有模式的变革。李军坦言，中国房地产未来的大趋势就是金融属性会单独显现出来，以后一些专业的金融机构会变成真正的"大地主"，但不会变成开发商，绿城管理就是在开发这一端最好的服务商。在房地产市场宏观调控的常态化背景下，"政府＋代建"与"资本＋代建"很可能成为中国房地产发展的未来。

绿城管理作为其中的先行者，通过与中国信达、东方资产等大型专业的金融资本机构建立长效稳定、优势互补的战略合作伙伴关系，充分发挥各自在开发与金融领域的资源优势，探索新的房地产开发合作模式。

当前，资本代建常规业务模式主要有三类，分别为前期融资、流动资金支持和不良处置。

第一类前期融资，表现为绿城管理为委托方在土地前融阶段提供融资等金融服务，以减轻委托方开发前期的资金压力。在这类模式中，资金可以在保证金阶段进入，也可以在土地款缴清后投入项目公司，融资规模以项目土地出让金或资金峰值为基础，项目公司以销售回款或再融资偿还本息。

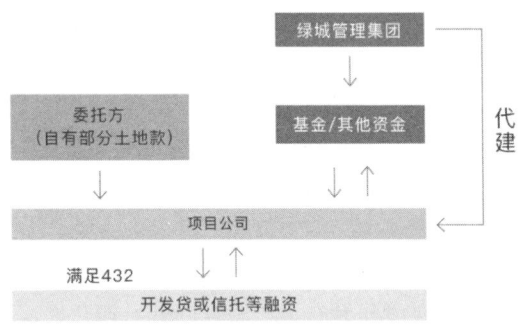

图 9-1　绿城管理金融服务模式之前期融资

第二类流动资金支持，为绿城管理已签约的代建项目的开发建设或流动性需求提供金融服务。在这类模式中，因为已提前对项目进行过一轮尽调和研判，双方已经签署了代建合作协议，且项目方拥有土地等资产，因此相对于前融模式操作更加简单，决策周期更短。通常以项目公司土地抵押、项目公司股权质押等常规风控措施，结合项目公司合理融资需求，在实现充分风险缓释的情况下提供金融服务，项目销售回款为主要还款来源。

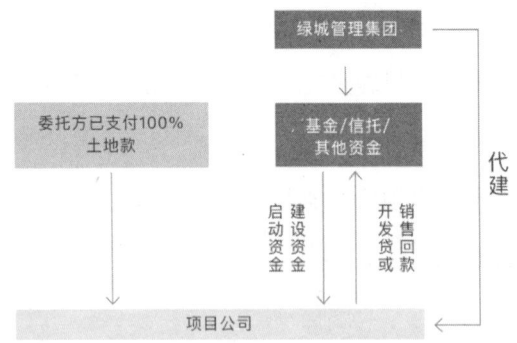

图 9-2　绿城管理金融服务模式之流动资金支持

第三类不良处置，表现形式为绿城管理联合金融机构，为不良资产提供金融支持方案，结合绿城管理专业开发管理服务，实现不良资产的盘活和处置。

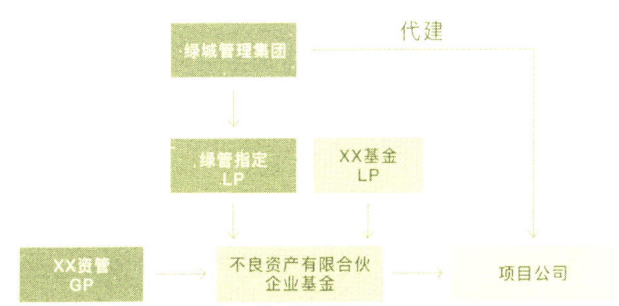

图 9-3　绿城管理金融服务模式之不良处置

据了解，现在已有不少国企、基金、信托公司、资产公司等都以市场的方式，作为投资人进入代建项目，他们信任绿城品牌，信任绿城管理的品质营造能力，事实上，绿城也没有辜负他们的信任。搭建金融能力的时候，母体公司绿城中国以及大股东中交集团、九龙仓等，也为绿城管理在市场上的信用背书和资本授信加分不少。

再者，房地产行业有一个所谓"大不良时代"的到来。绿城管理发现，在资本代建付诸实践的时候，会迅速转移到一个不良资产处置资本运作的情境中。绿城作为一家能力型公司，是能够参与这些不良资产的处置、变现等事宜的。绿城可以贡献自己的一部分力量，来赢取原来在建筑运营里面没有的资本收益。

目前，国内不良资产经营市场巨大，房地产类不良资产亟待盘活。银保监会公布的数据显示，2018年末，不良贷款金额达到2.03万亿元，未来3~5年，银行业不良资产的缓慢上升将是一个大概率事件。[①] 这些不良资产很多都与土地资源相关，绿城能够通过资本代建过程中对不良资产的处置、变现，来贡献自己的一部分力量。

第三节 代建+管理咨询

房地产代建业务已经是轻资产模式，由此派生出的管理咨询业务则是"轻轻资产模式"——它不仅不需要占用资金，甚至不需要完全占用人力——绿城管理的咨询业务快速成长起来，未来将占据越来越大的比重。

绿城管理在运营代建业务，进行品质营造的过程中，相关业务链条上的合作伙伴很多，包括建筑设计、商管运营、全过程咨询、教育服务、营销策划、金融公司、物业公司以及研究院等，围

---

① 中国东方资产管理股份有限公司.2019中国金融不良资产市场调查报告［R］.2019-04-10.

绕B端客户提供各个环节的专业服务。目前，这些公司都是因事而成，跟着项目走，尽管有些公司跟绿城管理形成了股权层面的紧密结合，但难免会出现标准不一、规范不同、信息不通的各自为战的局面。绿城管理的创新方向是进一步确定共同的服务标准，即"绿星标准"，搭建一个针对性更强、更"轻"的创新业务平台。

这样一来，绿城管理就突破了自我设限，把头部流量最大化地留在绿城自己的平台上。通俗点说，就是对那些满足绿城代建条件的项目，提供绿城的传统代建服务；不适合深耕的区域，针对那些先天条件还不错的项目，提供绿城咨询服务。

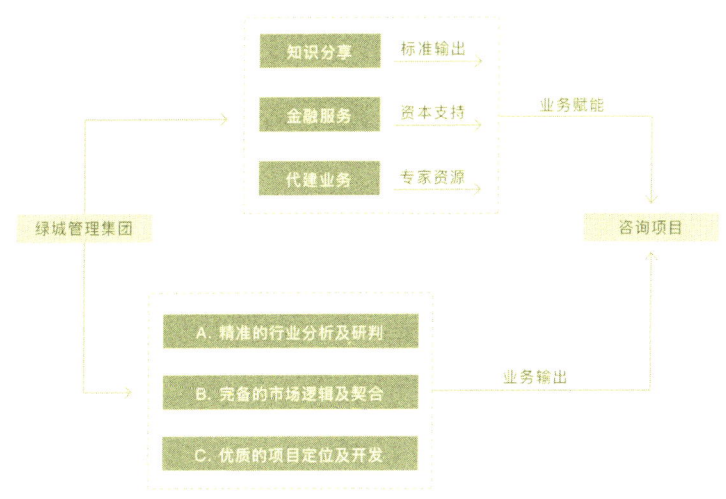

图9-4 绿城管理咨询服务业务流程

以某三、四线城市为例，当地房屋均价是每平方米5000元左右，最高端的也就万元出头，高端客群极为有限。类似上面这样的区域，绿城代建要是贸然进入，会面临较大风险。过去数年，绿城管理主动拒绝了很多这样的合作需求。

如今，如果绿城管理不能提供直接的代建服务，那么就可以输出咨询服务。进入房产代建领域需要区域化的团队，如果绿城管理搭建一个区域化团队去当地做代建，做完一个项目就面临人员分流的问题，人力成本过高。如果只是输出咨询，指导中小型开发商在当地的团队，模式非常轻，就相对简单了，人力上、资源上都没有问题。

从代建业务迭代到咨询业务，一个项目总、项目专家或者专家团队，就可以在单个项目中脱身出来，对接多个项目。如果服务100个代建项目需要2000个人，那服务100个咨询项目其实只需要100个人。就人均能效比值和毛利而言，咨询模式远超代建模式。

如今绿城管理已经有30余个咨询项目，业务范围主要包括前期估价服务、资本市场及投资服务、市场调研及分析、定位策划、模式设计、专业设计等；中后期的工程营造、营销策划、物业管理、资产管理、商业管理等，以及交付之后的园区运营咨询和企业管理战略、组织、人力等专项咨询。

图 9-5　绿城管理咨询服务业务范围

目前，绿城管理还和美国沃顿商学院、中欧国际商学院合作办班，自己也成立了绿星教育板块，输出自己的知识体系。绿城管理无形中用知识打造了一个平台，为各方赋能，还能促成平台内的链接。

如果用互联网思维去看，会更容易理解绿城管理接下来想要干什么。绿城管理在代建服务做到头部的时候，发现流量带着各种各样的需求主动地聚集过来。如何对这些流量进行转化，是创新模式需要考虑的首要问题。

绿城管理具备了头部企业流量以后突然发现，流量往上加的过程当中自身能力也有了很大拓展。代建业务模式本身就是整合社会资源去做一件事情，而不是靠自己亲力亲为去"搬砖头、砌砖头"。

所以，绿城管理天然拥有资源开放的冲动，需要一批优秀的合作伙伴，包括设计、营造、营销、咨询等专业公司，覆盖产业链的上下游。有些资源需要绿城自己去培养，通过参股的方式，或者通过自己组建的方式，这很自然派生出代建业务其他的可能。

无论是自投开发，还是委托代建，都绕不开建筑营造环节。建筑营造产业链条比较长，关联业务多，天然地拥有一个较长的服务周期，并需要不同环节的社会化协作。在绿城构建的服务生态里，这些专业公司之间的边界可以突破，可以进行各种搭配和组合，一切围绕着满足客户需求，增进客户信任的目标来无缝对接和快速运转。相当于各行各业的专家提供各类型的专业服务，建造房子相关的管理都可以在这个平台上一站式完成。

当然，这些流量背后是信任关系。正是市场的口碑、客户的信任让绿城管理这个头部公司，在实践中有了构建生态的可能。达成信任，就是要让客户在服务过程中充分感受到专业服务对他是有用的，是能解决问题的。达成信任以后，客户就会开放，就会把他内心的一些诉求、想要的资源、期望的目标都说出来，生态内的专业服务才能做到精准跟进，很多事情就水到渠成了。

平台、流量、生态、客户……你没有看错，我们讨论的是一家房地产代建公司未来可能的商业模式，或者到了那个时候，它已经不是房地产企业了，而成了一家品牌公司、服务公司或互联网公司，拥有了无限的可能性。

第四节　圣诞树模型

绿城管理集团作为代建行业的领军企业，是外人眼中的独角兽，但在绿城管理内部，有一个人人耳熟能详的模型，绿城管理将之称为圣诞树模型（Merry Greentown），如图9-6所示。

图 9-6　绿城管理圣诞树商业模型

这一模型体现了绿城管理对理想主义和品质情怀的继承、对代建业务底层逻辑的深刻理解，更蕴含着其对于整个行业发展趋势的超前布局。圣诞树模型以绿城基因为土壤，以信任为树干，形象地串起了绿城的各种超能力：围绕"轻资产、重资本、强平台"的战略航道，联结了委托方、业主、供应商、员工、投资方五维人群，提供"开发代建、知识分享、金融服务"三大服务，达成"品质、分享、效益"多方共赢，进而打造引领行业模式变革的"代建4.0体系"和"绿星标准"，推动"共创价值、共享利益"的全产业生态圈构筑和信任体系的建立。

如何理解这一模型？在绿城管理细致紧密、环环相扣的逻辑体系中，可以拎出"一个总纲、三条主线"，从而清晰地再现绿城管理对于代建行业，乃至整体房地产行业发展趋势的思考过程和超前布局。

第一条主线是产品营造的标准化。绿城的品质营造能力如何能够进行复制和规模扩张？如何规模化地提供高品质、高性价比的房产品？这是决定代建逻辑能够成立的第一问题。而绿城管理给出的答案就是标准化。从产品标准化、流程标准化、合约标准化，到操作规范标准化、工作成果标准化，绿城管理建立了一个涵盖全面、内容完整的标准化体系。

第二条主线是营造标准的平台化。"绿城标准"以相互约束、合作共赢为核心原则，直击行业痛点，覆盖了代建前后端的产品、供应商、运营、服务四大模块，其实质就是将绿城对于高品质房产品的营造标准贡献出来、分享出来，成为代建行业的共同标准，从而打造产业生态圈，成为地产界的"米其林指南"。

第三条主线是平台资源的共享化。面对房地产行业专业分工日益深化的发展趋势，绿城管理深深地意识到，行业发展的最大价值来源于生态共生、价值共创、利益共享。因此，绿城管理愿意担当这一角色，首先打造一个代建行业的生态系统。在这一生态系统中，委托方、供应商、员工、业主及投资方五大主体的根本利益诉求都能得到保障和满足，他们各取所需，合作共生，而绿城管理在体系中提供开发代建、知识分享和金融服务，实现生态体系价值的最终变现，获取属于自己的一份利益。

"一个总纲"就是信任，即来自委托方、供应商、员工、业主和投资方等利益相关方的信任。在某种意义上，不管是品质营造也好，"绿城标准"也好，"代建4.0体系"也好，绿城管理一直在默默构建的就是一个信任体系。最初，绿城管理通过"真诚、善意、精致、完美"的理念，获得业主对房地产开发商的信任，现在，绿城管理在做一个难度更大的事情，就是构建所有利益相关方的信任体系，其难度可想而知。信任是圣诞树的主干，直达整个圣诞树模型的最高点，唯有信任才能支撑起绿城管理的业务模型，才能构建起代建王国，才能形成一个自循环的生态和理念。也正因为如此，才能更加体现绿城管理在这一时代中的独特价值。

绿城管理想要构建的"代建4.0王国"已经远远超越了代建业务的本身，甚至已经超越了我们对于轻资产模式与重资产模式的理解，是一个基于房地产行业，又高于房地产行业的新王国。

源自欧美的房地产代建轻资产模式，在品牌化、标准化、专业化和体系化的每一个环节都具备极大的市场空间。绿城管理的轻资产运营，之所以获得成功，既有建筑营造技术提升和迭代的贡献，更有资源整合与团队管理能力的实践，从最初的匠人匠心，品质的领先，成本的优势，管理的增值，核心标准的构建，到最后形成品牌口碑、客户信任，绿城管理在轻资产模式上突破创新，打造了一个崭新的生态平台——具有自循环超能力的"代建4.0王国"。

黄金时代也好，白银时代也罢，建筑是人们使用的空间场所，居住的需求永远都不会消失。不论何时何地，人们追求更好的居所和美好生活的需求不会改变。因此，房地产业一定会有未来，无非是在这个发展过程中你怎么去占位，用什么样的商业模式去占领它。

党的十九大报告明确指出："中国特色社会主义进入新时代，我国社会主要矛盾已经转化为人民日益增长的美好生活需要和不平衡不充分的发展之间的矛盾。"人们对美好生活的向往反映在居住条件的改善上，是在经济条件宽裕、购买力升级之后，希望有更好的房子、更好的环境、更优质的社区，而这一切对于房地产开发者来说，都蕴含着巨大的商业机会。

2020年，一场新冠肺炎疫情催生出更多对优质产品与服务的需求，小区能否提供优质的物业服务、房屋户型设计和公共空间通风采光效果如何，都会成为消费者购房选择的重要标准。新冠肺炎疫情以来，房地产市场消费已经升级，房企的产品力也必须升级，更加注重居住品质和生活空间，所以更加注重绿色环保和科技智能的品牌房企必然会获得更多的发展机会。

以品牌化、专业化为核心的房产代建也将迎来更好的时代。根据中国指数研究院预测，代建市场规模占比至少每年以 1~2 个百分点的速度增长，代建行业未来 5 年销售额累计将达到万亿元规模，未来市场发展可期。

商业竞争的基本逻辑是，谁能抢到先机，接受创新思想，谁就会更快地变得富有和强大。在新的竞争规则里，绿城管理的"代建 4.0 王国"已然成形：一群有着理想情怀与远大目标的管理者，以互联网思维赋能房地产行业，凭借轻资产模式创新，凭借品牌口碑和品质营造的核心能力，形成一套代建 4.0 的管理方法论，打破了传统自投模式的约束，建立起一个拥有开放精神、价值信仰和信任基础的"代建 4.0 王国"。

我们看到，一个崭新的王国正在成长中，它的规模在迅速壮大，它的技术和商业边界也在拓展，它的模式创新仍在持续，它的资源和人群正在快速聚集。这里有肥沃的土地品质基因，有宽宽的护城河确保流量领先，有高高的围墙建立标准壁垒，有神庙指引价值观，有学校培养人才，有产业联邦开疆拓土……这个王国拥有传统的商业模式无法比拟的优势，它通过信任关系构筑开放平台，拥有独特的内部凝聚力，可以有效地动员和组织起整个五维人群的力量，委托方、供应商、员工、业主、投资方都在这个商业王国中各司其职，又各取所需，相互尊重且一起发展。

在不远的日子里，绿城管理即将迎来资本市场的"成人礼"。这个年轻的"代建 4.0 王国"，将在世人面前揭开神秘的面纱，它肩负的历史使命，是持续创新与迭代，构建信任并分享美好。

世界因此而改变。

附录

绿城管理集团价值宣言

中国的房地产开发模式正迎来变革,投资与开发相分离渐成趋势,专业的开发能力与品质营造水平愈显重要。

我们传承绿城的企业精神,以"真诚、善意、精致、完美"为方针,提倡"与人为善,仁爱求真;追求认真,追求精致;同道共识,方谓同仁"。

我们愿追寻绿城的人文理想主义,以信任连接各方,通过打造全产业链服务平台和"共建、共享、共荣"的产业生态圈,致力于成为最值得托付的房地产开发服务商,共建激动人心的品质生活。

一、价值观

"品质、信任、效益、分享"是我们秉持的核心价值观。

品质:我们的信仰和立身之本,我们坚定不移地走品质之路。我们认为,品质的内核是"认真"和追求"理想状态";产品即人品，人品即产品。

信任：所有商业模式的基石。我们严格遵循契约精神，以专业服务与领先标准，推动行业与社会的信任构建。

效益：企业存在的根本是价值创造能力。我们始终以客户为中心，不断开拓创新，提升公司的"赋能"水平，力求为客户创造最佳效益。

分享：我们分享绿城的美好，寻求合作共赢。在这连接的时代，我们携手员工与各方，让美好更美好。分享驱动文明进步，终将汇聚变革。

二、经营理念

我们确立了"轻资产、重资本、强平台"的经营理念。

轻资产：以品牌输出、管理输出、资源输出为核心，建立行之有效的契约与标准管理体系，通过专业能力提升项目开发效益。

重资本：通过与各类金融机构战略协作，发挥信用背书能力，提供多元化的资本服务，解决委托方的资金需求；放大资本效应，完善服务体系。

强平台：将强大的业务流量转换为能量，孵化、提升产业链上各专业公司能力；通过整合社会优质资源，发挥专业协同作用，打造"共建、共享、共荣"的产业生态圈。

三、业务范畴

我们以开发代建、金融服务、知识分享为核心业务，打造全产业链服务平台。

开发代建：以契约形式提供房地产项目全过程开发管理服务，通过品牌溢价、管理增值、品质提升、成本节约等，为委托方创造价值。

金融服务：携手各类金融机构，发挥增信能力，为委托方提供股权债权融资、流动性支持、地产基金、并购重组、不良资产处置等服务。

知识分享：以代建4.0体系及绿星标准为方法论和工具箱，整合行业内外优质资源，孵化产业链优秀企业；提供开发咨询、产品研发、营销策划、教育培训等服务，打造行业标准。

四、五维人群

我们主张"共建"理念，委托方、业主、供应商、员工、投资方是组成我们事业共同体的五维人群。

我们的目标是为委托方、投资方创造卓越业绩，助其获取增值回报；与供应商互信、互利、互助，共同成长；为业主创建"美丽建筑、美好生活"；为员工提供发展平台，实现个人价值。

五、核心优势

我们整合智力资本，以管理创造价值。行业尊崇的品牌形象、第一品级的产品谱系、取法极致的产品品质、训练有素的专业团队、优质优价的产业链合作资源、贯穿全过程的精益管理与贴心服务等，是我们的核心优势。

六、服务精神

服务是轻资产公司的核心属性，服务精神体现了工作者的格局。富有同理心，重视客户需求，勇于担当作为，追求工作的"理想状态"，是绿城管理员工的共同特征。我们的成就源于对他人的成就。

七、创新引领

绿城管理的探索，是中国房地产开发模式的创新实践。唯有持续创新，才能保持领先。我们以成为"最值得托付的房地产开发服务商"为奋斗目标，鼓励模式创新、管理创新、产品创新、服务创新。

我们尊重知识与个性，倡导专业与开放，主张快乐工作、健康生活，为创新培育土壤，让创新迸发活力。

八、本体建设

员工是公司的本体，唯一的本体。

绿城是一所学校，第一产品是员工。公司所有努力的方向是促进员工成长和发展。

生命多精彩，产品多精彩。走正道、讲道义、认真负责、具备专业能力和服务精神、勇于开拓创新并坚持理想的员工是公司最大的财富。

我们遵循价值规律，坚持实事求是，在公司内部推行市场机制，通过公平竞争，公开选拔，让员工各尽其才。

九、价值分配

"以价值创造者为本"是我们的核心分配原则。我们建立以结果为导向、客观公正的评价体系，鼓励员工以客户为中心创造价值，并提供富有竞争力的薪酬福利和广阔的发展空间。

十、社会责任

建筑是生活的载体、凝固的文化。从事代建事业，必须具有强烈的历史责任感和深切的人文关怀。

我们是优质资源的整合者，是美好生活的营造者，是城市文明的传播者。我们立足服务，以"赋能"的方式，与更多人分享绿城的美好。

我们所营造的产品，旨在满足现代人的生活理想，提升城市品位，浸润时代的文化与精神。我们所提供的服务，旨在提升行业的开发水平，让资源得到集约利用，推动中国的房地产开发模式变革。

参考文献

[1] 尤瓦尔·赫拉利.人类简史：从动物到上帝[M].林俊宏,译.北京：中信出版社,2014.

[2] 威尔·杜兰特,阿里尔·杜兰特.历史的教训.倪玉平,张闶,译.中国方正出版社,四川人民出版社,2015.

[3] 安纳利·萨克森宁.地区优势：硅谷和128公路的文化与竞争[M].曹蓬,杨宇光,等译.上海：上海远东出版社,1999.

[4] 丹·塞诺,索尔·辛格.创业的国度：以色列经济奇迹的启示[M].王跃红,韩君宜,译.北京：中信出版社,2010.

[5] 迈克尔·布隆伯格,卡尔·波普.城市的品格[M].周鼎烨,卢芳,译.北京：中信出版集团,2017.

[6] 杰里夫·里夫金.第三次工业革命：新经济模式如何改变世界[M].张体伟,孙豫宁,译.北京：中信出版社,2012.

[7] 彼得·马什.新工业革命[M].赛迪研究院专家组,译.北

京:中信出版社,2013.

[8][美]沃尔特·艾萨克森.史蒂夫·乔布斯传[M].北京:中信出版社,2011.

[9]冷夏.霍英东全传[M].北京:中国戏剧出版社,2005.

[10]中国指数研究院.中国房地产代建行业发展蓝皮书[M].北京:中国发展出版社,2017.

致谢 | ACKNOWLEDGEMENTS

在过去近一年的时间里，蓝狮子创作团队走进绿城管理集团，通过访谈、调研、数据搜集和案例分析等方式，研究绿城管理集团轻资产运营的商业模式，寻找房地产代建业务成长的底层商业逻辑。此前，蓝狮子团队已经系统地研究过万科、绿地、越秀、远洋等地产企业，对房企的运作模型和商业模式有过一些研究积累。

不过，此次走进绿城管理，我们还是遇到了一些全新的挑战：绿城怎么"由重变轻"、代建模式如何迭代创新、代建4.0体系是什么、五维人群如何协作……很多问题是前所未有的，若仍用老眼光看待，完全看不懂，此时我们意识到，必须从研究方式上进行迭代和创新，才能跟上他们实践的脚步。可以说，这是一次思想激荡的体验之旅，多次头脑风暴中，绿城管理都体现出惊人的坦率和毫不避讳；这也是一次醍醐灌顶的收获之旅，在绿城管理构建的代建4.0王国之中，我们似乎窥见了"世界正在变轻"的奥秘，这必将对中国房地产行业的未来发展产生影响。

在本书出版之际，首先要特别感谢以下人士：绿城管理集团的李军、詹丽英、祝军华、郭牧、张盼盼、翁晨翀、陈嵩、舒适、李威鹏等人，他们在百忙之中抽出时间参加会议或接受专访，分享他们在管理实践中的宝贵经验；丁伟和正略咨询团队，他们在项目酝酿和落地执行中给予的帮助；王凯、姚舒娜、陈晓波、史思、范唯唯等人，他们在协调组织和项目管理方面，付出了大量的时间和精力……房地产代建于公众而言，仍是新鲜和陌生的，以上人员的参与和付出，为此次案例研究打下了坚实的事实基础，让我们得以从更多元、更丰富的角度去认识和研究。

其次，要由衷地向绿城创始人宋卫平和绿城中国的张亚东致以谢意，他们为绿城注入了品质基因，让绿城成为中国好房子的代名词；还要感谢四位大咖——吴晓波、丁祖昱、贾生华、丁建刚对本书的认可和大力推荐，让更多同行和读者知道此书。

最后，要向蓝狮子创作团队成员何丹、陈汉聪、傅姗姗、王新宇致以谢意，他们在项目调研与协作中付出了很多辛劳，群策群力，才有了今天的成果；同时，也要特别感谢中国经济出版社的崔姜薇、葛晶，她们对书稿的专业编辑、设计与营销推广，让图书有了品质与销量的保障。

绿城管理的"代建 4.0 王国"，是一个完整的生态圈，是一个拥有自循环和持续迭代能力的新物种，它从一家传统的房地产公司，变得越来越像一家互联网公司。

由于时间及能力所限,本书仅仅完成了一个粗线条的"素描",是中国商业史上的一个"历史片段"。一段时间以后,新的实践又将更新我们的认知,我们应当保持开放的心态,对它给予持续关注。

袁啸云

2020 年 5 月 21 日

于杭州白沙泉金融并购街区